Fiel en todo momento

40 DEVOCIONALES SOBRE EL DIOS QUE NUNCA TE ABANDONA

Clara Bastidas

Vida

La misión de Editorial Vida es ser la compañía líder en satisfacer las necesidades de las personas con recursos cuyo contenido glorifique al Señor Jesucristo y promueva principios bíblicos.

Publicado por Editorial Vida - 2026
501 Nelson Place, Nashville, Tennessee, 37214, Estados Unidos de América.
Editorial Vida es una marca registrada de HarperCollins Christian Publishing, Inc.

Este título también está disponible en formato electrónico y audio.

El Número de Control de la Biblioteca del Congreso se podrá obtener previa solicitud.

Diseño interior: *Deditorial*

ISBN: 978-0-82977-412-2
E-Book: 978-0-82977-413-9
Audio: 978-0-82977-463 4

CATEGORÍA: Religión / Devocional

IMPRESO EN ESTADOS UNIDOS DE AMÉRICA
PRINTED IN THE UNITED STATES OF AMERICA

26 27 28 29 30 LBC 5 4 3 2 1

A Gabriel,

la expresión más tangible de la fidelidad
de Dios en mi vida.

Introducción

NO TODOS TENEMOS LA OPORTUNIDAD ni el privilegio de contar la historia de nuestras vidas. Es por ello que estoy infinitamente agradecida de poder hacerlo, pero lo que más aprecio es que suceda de la mejor forma: en un formato que no se centra en mí, sino en Dios y su fidelidad. A fin de cuentas, esa es mi historia y la historia de todos sus hijos: perdonados, rescatados y redimidos por un Dios absoluta y completamente fiel. Por eso, me emociona más allá de lo que puedo expresar en palabras que tengas este devocional en tus manos, porque sé que el carácter de Dios, revelado en su Palabra, y el testimonio de su fidelidad en una vida completamente ordinaria como la mía, alimentarán la esperanza que necesitas para perseverar en lo cotidiano.

Una de las verdades bíblicas que más me han impactado a lo largo de toda mi vida cristiana y cuya certitud he comprobado se encuentra en 2 Timoteo 2:13:

«Si somos infieles, él sigue siendo fiel, ya que no puede negarse a sí mismo».

Si lo piensas, este versículo presenta un concepto ilógico según los términos en los que solemos pensar hoy en día, cuando reina la idea de causa-efecto o del mérito. No obstante, esta verdad es un gran exponente del significado de la gracia y el alcance de la fidelidad de Dios. La esencia de su persona es la fidelidad. Esto no es solo algo que el Señor nos muestra, sino que *fiel es quien él es.* Por eso, aunque nuestra vida esté llena de situaciones difíciles, pruebas y sufrimientos, o haya temporadas en las que equivocadamente nos desviemos debido a las distracciones del mundo y el pecado, Dios es y seguirá siendo fiel, por amor a su nombre y a nosotros.

Y esto, lejos de ser una excusa para dar cabida al pecado, cambia nuestros corazones, porque nos enseña acerca de la grandeza de un amor completamente incondicional al que respondemos con arrepentimiento y obediencia, porque la única respuesta posible a ese nivel de fidelidad es el amor.

No puedo pensar en una frase que resuma mejor el camino que Dios me ha permitido transitar hasta este día que *fiel en todo momento,* y esa es la evidencia que hallarás en cada día y cada página de este libro.

En este devocional fue particularmente importante para mí darle honra a Dios por medio de testimonios que, hasta ahora, solo yo conocía y en los que pude ver su poderosa fidelidad actuando. De modo que encontrarás muchos detalles y una amplia mención de historias personales que, aunque sean bastante específicas, presentan muchos aspectos con los que estoy segura podrás identificarte en alguna etapa de tu vida. Desde el relato de mi nacimiento, pasando por mi adolescencia en la lucha con la ansiedad y la depresión, la vida profesional humanitaria, y llegando a la cotidianidad y los retos de ser inmigrante, madre y esposa, la fidelidad de Dios ha sido una línea transversal que me ha levantado de circunstancias imposibles y me ha dado aliento cuando el mío se había acabado. También encontrarás reflexiones basadas en las vidas de hombres y mujeres que experimentaron la fidelidad de Dios de primera mano y me han inspirado cuando he necesitado recordar la verdad.

Ansío con todo el corazón que puedas identificarte con estas pequeñas piezas de mi historia para que la verdad de Dios le siga dando sentido a la tuya, sosteniéndola con gracia y propósito. Mi anhelo no es que recuerdes los detalles de mi historia personal, sino que al leer cada día, puedas afirmar en tu corazón que le perteneces al mismo protagonista fiel, autor de estos testimonios. Espero que cada lectura te anime, te consuele, te rete y te lleve a conocer más del carácter de Dios, y que estos 40 días sean parte de una revelación de cómo Dios actúa sutil y fielmente en los detalles de tu vida y cómo su fidelidad también es estruendosa, ya sea en tiempos de desierto o de gozo. Deseo que estas reflexiones alimenten tu fe por los próximos 40 días, pero oro también para que permanezcan contigo y te sirvan de aliento por el resto de tu vida.

Este devocional está pensado para que puedas seguirlo cronológicamente si así lo deseas (verás una línea de tiempo de eventos de mi vida), o bien puedes leerlo aleatoriamente, consultando las temáticas que encontrarás en cada título, según tu necesidad o interés.

Dios es fiel en todo momento, siempre lo ha sido y siempre lo será.

«Pero lo importante de recordar es que, aunque nuestros sentimientos vienen y van, el amor de Dios por nosotros no lo hace. No se fatiga por nuestros pecados o nuestra indiferencia, y, por lo tanto, es incansable en Su determinación de que curados de esos pecados, no importa lo que nos cueste, no importa lo que le cueste a Él».

C. S. Lewis, *Mero cristianismo*[1]

1. C. S. Lewis, *Mero cristianismo*, libro III, cap. 9 («Caridad») (Nashville: Grupo Nelson, 2026), p. 142.

Tabla de contenido

Dedicatoria 3
Introducción 5

Día 1: Fiel para darte vida 11
Día 2: Fiel para saciar tu sed 16
Día 3: Fiel en la oscuridad 21
Día 4: Fiel para salvarnos 25
Día 5: Fiel para transformar tu manera de pensar 29
Día 6: Fiel para guiarte 34
Día 7: Fiel en tu tibieza 39
Día 8: Fiel en medio de la envidia 44
Día 9: Fiel en las transiciones 49
Día 10: Fiel en tu imperfección 54
Día 11: Fiel en las oraciones «tontas» 59
Día 12: Fiel para darte fuerzas 64
Día 13: Fiel en tus entretiempos 69
Día 14: Fiel para protegerte 74
Día 15: Fiel cuando sueltas 79
Día 16: Fiel en los días cuando hay que llorar 84

Día 17: Fiel para mostrarte bondad 89
Día 18: Fiel en la tentación 93
Día 19: Fiel para darte tus anhelos más profundos 97
Día 20: Fiel cuando el corazón está roto 102
Día 21: Fiel en nuestra rebeldía 107
Día 22: Fiel en la disciplina 112
Día 23: Fiel para sanar la enfermedad 117
Día 24: Fiel en la amargura 122
Día 25: Fiel en tu pecado 127
Día 26: Fiel en la tormenta 132
Día 27: Fiel en tu realidad 137
Día 28: Fiel en los días de gozo 142
Día 29: Fiel para mostrar su luz 146
Día 30: Fiel para ser tu compañero 151
Día 31: Fiel para proveer 156
Día 32: Fiel en todas las posibilidades 161
Día 33: Fiel para que descanses en él 165
Día 34: Fiel para usarte tal y como eres 171
Día 35: Fiel para hablarte 177
Día 36: Fiel para juzgar 182
Día 37: Fiel en los buenos tiempos 188
Día 38: Fiel para darnos una ciudadanía 192
Día 39: Fiel en los tiempos de tu vida 197
Día 40: Fiel para escribir tu historia 202

Agradecimientos 207

Día 1

Fiel para darte vida

El ladrón no viene más que a robar, matar y destruir; yo he venido para que tengan vida y la tengan en abundancia.

JUAN 10:10

LA VIDA DE CADA PERSONA en esta tierra comienza con un milagro, y yo no fui la excepción. En lo que a mi nacimiento respecta, vino acompañado de un milagro doble, y esta es la historia.

Cuando mi mamá tenía nueve meses de embarazo, fue al médico para su último seguimiento porque ya había pasado la fecha prevista de parto. Aunque su doctor la revisó, nunca sabremos por qué no encontró ningún problema con ella, así que le dijo que podía ir a casa y volver en unos días. Mi mamá hizo caso a las instrucciones y se fue a casa. Un par de días más tarde, como no se sentía demasiado mal —y haciendo honor a nuestra forma muy latinoamericana de ser— decidió prepararse para ir a una fiesta de quince años junto a mi papá. Cuando se encontraban a punto de entrar al carro, ella comenzó a sentir contracciones fuertes y se dio cuenta de que su trabajo de parto estaba comenzando.

En la década de 1980, cuando nací, no había tanta tecnología médica como hoy para monitorear a las madres y sus bebés. Es por eso que después de algunas horas de trabajo de parto, cuando al fin nací, fue que los médicos se dieron cuenta de que yo estaba casi muerta. Debido a un problema de insuficiencia placentaria (lo que ocurre cuando la placenta no puede cumplir adecuadamente sus funciones, como llevar oxígeno y nutrientes al bebé), al parecer llevaba varios días sin recibir nutrientes y con un oxígeno muy limitado. Mis signos vitales eran muy débiles al nacer, de modo que fui llevada inmediatamente a la terapia intensiva para neonatos, donde permanecí por setenta y dos horas. A mis padres les hicieron saber que ese era el lapso aproximado en el que sabrían si yo viviría o moriría. Tampoco les dieron seguridad de si tendría consecuencias de por vida. Ellos, quienes no eran creyentes, no tuvieron más opción que esperar. Mi mamá relata que era absolutamente pequeña y que su primer encuentro conmigo fue en una incubadora. No puedo imaginar lo difícil de esa experiencia para una madre primeriza.

Contra los pronósticos iniciales, mejoré rápidamente. Mi tía, que era mi pediatra, me contó que resultó impresionante como fui recuperando rápidamente el color y la normalidad en la respiración, abriendo mis ojos de un momento para otro. A la semana, ya me encontraba en casa sin ninguna consecuencia mayor. Años después, recuerdo a mi tía diciéndome: «Eras el tipo de caso en el que el bebé fácilmente puede fallecer. Tengo casos así todo el tiempo. Pero, milagrosamente, viviste».

Cada cierto tiempo, recuerdo que mi aparición en esta tierra comenzó con una muestra evidente de que Dios quiso que yo viviera, aun cuando el rastro de la muerte en este mundo intentó que no lo hiciera. Para mí, es importante recordar que mi vida empezó con un doble milagro y llevar conmigo el testimonio de esa vida que me fue dada. Dios fue fiel para hacer su voluntad perfecta en mí, lo cual implicó vivir para poder contar sus maravillas (ver Salmos 118:17).

Esta historia me lleva siempre a pensar en cómo todos los que hemos llegado a conocer a Cristo fuimos llevados de muerte a vida. Cuando nos faltaba el oxígeno espiritual, cuando éramos incapaces de ver ni superar nuestro pecado, cuando nos alimentábamos del fruto deficiente de un mundo caído, el Señor fue fiel para darnos vida, la vida verdadera.

Pero Dios, que es rico en misericordia, por su
gran amor por nosotros, nos dio vida con Cristo,
aun cuando estábamos muertos en pecados.
¡Por gracia ustedes han sido salvados!
Y en unión con Cristo Jesús, Dios nos resucitó y
nos hizo sentar con él en las regiones celestiales,
para mostrar en los tiempos venideros la
incomparable riqueza de su gracia, que por su
bondad derramó sobre nosotros en Cristo Jesús.

EFESIOS 2:4-7

Por su gran amor por ti y por mí, Dios decidió darnos la única vida que es duradera. En nuestro camino a la muerte, ocasionada por el pecado que solía enseñorearse de nosotros, Cristo nos encontró para infundirnos su vida, lo cual sucedió gracias a su sangre y su sacrificio en la cruz. Al igual que un bebé recién nacido que luchaba por vivir, nuestros ojos se abrieron, nuestros pulmones se oxigenaron con su aliento, y fuimos llenos del poder de su Espíritu. Ahora, no vivimos cualquier vida, sino la vida abundante que nos dio Jesús.

Él fue fiel para darte vida, y vida abundante. Si tienes alguna duda de eso, detente y medita en los tesoros que tienes ahora: eres beneficiario de la incomparable riqueza de su gracia y has sido bendecido con toda bendición espiritual. En él no te falta absolutamente nada y puedes tener plena certeza de a dónde te diriges al final de tu vida en la tierra. Además, caminas el día a día con un propósito claro, el de proclamarlo y glorificarlo en todo lo que decidas hacer.

El hecho de que te encuentres leyendo estas líneas habla de la fidelidad de Dios en tu vida para bendecirte con su abundancia y darte la revelación de quién es él y lo que ha hecho por ti. Esa es la verdad con la que necesitas caminar de cara a un mundo lleno de retos que hará todo por hacerte olvidar o menospreciar que fue el Señor quien te dio vida física y vida eterna.

Nunca olvidaré que Jesús hizo un milagro en mi vida cuando nací, pero mucho menos el hecho de que nací a la verdadera vida gracias a su milagro en la cruz.

Él ha sido fiel para darnos vida. Vivamos como quienes saben que pertenecen a la eternidad.

TE INVITO A ORAR CONMIGO:

Señor, te doy muchas gracias porque eres el autor de mi aliento desde que fui concebido y entretejido en el vientre de mi madre. Gracias por darme vida en esta tierra. Sin embargo, agradezco aún más el milagro de que me hayas llevado de muerte a vida, de haberme amado incluso cuando estaba perdido en mi pecado, y de darme propósito y eternidad en ti. Ayúdame a recordar que, así como has sido fiel para darme la vida más abundante, lo serás para darme todo lo que necesito a fin de vivirla. Amén.

LECTURAS RECOMENDADAS:
Salmos 118:17; Juan 10:10; Efesios 2:1-10.

Día 2

Fiel para saciar tu sed

Como ansía el venado las corrientes de las aguas, así te ansía a ti, oh Dios, el alma mía. Mi alma tiene sed de Dios, del Dios vivo.

SALMOS 42:1-2 (RVA-2015)

SI ALGUNA VEZ HA EXISTIDO una persona con tendencia a los fanatismos, esa he sido yo. Imagino que mi tipo de personalidad ha influido en esto, pero lo cierto es que esa tendencia, aunque difícil de superar, me ha enseñado mucho acerca de lo que anhela el alma humana.

Como desde pequeña me gustaba mucho la música, en mi infancia me convertí en fan de decenas de cantantes y grupos. Más o menos a los once años, iniciando la adolescencia, desarrollé una obsesión absoluta con varios grupos de pop mexicano, particularmente con uno llamado «Mercurio» (¡me encantaría poder interactuar contigo en este instante para confirmar si sabes de quiénes hablo!). Escuchaba su música, pensaba en ellos todo el tiempo, y mi sueño máximo era convertirme también en cantante para poder conocerlos y ser su amiga. Fui la típica niña que forró las paredes de su habitación con afiches de ellos, coleccionaba las revistas en donde salían y pasaba horas pensando en cómo reaccionaría si un día llegaba a conocerlos. ¡Seguramente mi vida entera cambiaría! Fantaseaba diariamente con ver a mis ídolos en persona y pensaba en cómo podría lograrlo.

Obviamente, todo esto sucedía en la mente de una niña que no entendía ni sabía cómo funcionaba el mundo. Hoy puedo ver que fueron muchos los momentos donde mi fanatismo pareció haberme ayudado a escapar de la realidad: una mucho más dura que el mundo de mis sueños. Las canciones y los videos musicales me ayudaron a lidiar con cosas tan difíciles como el divorcio de mis padres, haber tenido que abandonar el hogar donde nací, o la inmensa inseguridad que sentía. En una ocasión, cuando este grupo visitó mi país, pude verlos en persona e incluso intercambiar algunas palabras con ellos. Más allá de la emoción del momento y el bonito recuerdo que quedó, me sorprendió mucho el hecho de que, después del encuentro, nada cambió en mi vida. Ellos eran personas normales y la vida siguió igual luego de haber podido conocerlos.

Mis ídolos de la infancia, cuando finalmente los conocí, no causaron ese gran «antes y después» con el que soñé por años, simplemente porque no podían hacerlo. Eran hombres (¡realmente, adolescentes!) de carne y hueso que nada tenían que ver con mi vida.

A los seres humanos nos resulta absurdamente fácil creer que otras personas (o posesiones, o logros) nos pueden dar eso que tanto anhelamos, creyendo que su presencia o su influencia en nuestra vida tienen la capacidad de saciar nuestra sed. Quizá tengas sed de identidad, propósito, amor o comprensión. O puede que sea de aceptación o de sentir que «alguien te entiende». Tal vez simplemente necesitas escapar de una realidad muy dura. No conozco exactamente qué es aquello por lo que tu alma clama, pero sé que todos tenemos una sed que necesita ser saciada. La diferencia radica en si la fuente de agua que buscamos puede saciarla o no.

A pesar de que es muy natural que, especialmente de jóvenes, disfrutemos de este tipo de ilusiones como la que yo tuve con el grupo musical, resulta vital que en nuestro camino con Dios le pidamos poder ver con claridad que solo él puede saciar nuestra sed. Necesitamos de su ayuda para ser conscientes de que nada ni nadie –un artista favorito, una pareja, una carrera o la fama– es capaz de transformar nuestra vida o hacernos sentir completamente plenos, como solo lo hará Cristo. Al dedicarnos a la búsqueda de satisfacción en cualquier cosa fuera de Dios (aun en sus bendiciones), nos volvemos idólatras. Bien lo decía Timothy Keller: «¿Qué es un ídolo? Es algo que es más importante para usted que Dios, cualquier cosa que cautive su corazón y su imaginación más que Dios, cualquier cosa que espere que le proporcione lo que solamente Dios puede darle».[2]

El rey David supo reconocer que su sed podía ser saciada solamente en la fuente del Señor. Al considerar su profunda necesidad de Dios, compara su alma a un venado que ansía las corrientes de agua. David identifica que la sed de su alma solo encontrará saciedad en Dios. En Juan 4,

2. Timothy Keller, *Dioses que fallan: Las promesas vacías del dinero, el sexo y el poder, y la única esperanza verdadera* (Barcelona: Editorial Andamio, 2015).

Jesús, nuestra agua de vida, le declara a la mujer samaritana cuál es la naturaleza del manantial de Dios: es un agua diferente a todas las fuentes del mundo, una que sacia la sed para no volver a sentirla nunca y de la que brota vida eterna (Juan 4:13-14).

Es esencial que aprendamos a distinguir entre las fuentes de agua que se secan y nos dejan con más sed que antes y el agua de vida que encontramos en el Señor. Hacer esto hará una diferencia significativa en cómo vivimos la vida cristiana, si invirtiendo nuestro valioso tiempo persiguiendo «chorritos» de agua que no calman la sed o tomando de la fuente que satisface todo. Tu Padre es fiel para saciar esa sed que sientes que jamás ha sido saciada, o que piensas que otras cosas o personas pueden calmar. El Señor se adelanta a esos intentos y nos declara que él es esa corriente de agua y, si nuestra alma tiene sed de algo, tal como dijo el salmista, es una sed de Dios, del Dios vivo.

Él es fiel para saciar tu sed; su agua viva es suficiente para suplir todo lo que has buscado en otras ilusiones de plenitud.

TE INVITO A ORAR CONMIGO:

Querido Padre, quiero pedirte perdón por los momentos en los que he creído que alguna ilusión, proyecto o persona pueden saciar la sed de mi alma. Perdona mi idolatría y enfócame en ti. Ayúdame, como a David, a reconocer que el verdadero clamor de mi alma eres tú; es a ti a quien necesito desesperadamente. Gracias por ser el agua de vida que despierta mi espíritu y me permite vivir en este mundo teniendo aún muchos anhelos, pero encontrando plena satisfacción en mi Dios. Gracias porque eres fiel para saciar mi sed. Amén.

LECTURAS RECOMENDADAS:

Isaías 55:1; Salmos 42; Juan 4:13-14; Apocalipsis 21:6.

Fiel en la oscuridad

Día 3

Y si dijera: «Que me oculten las tinieblas; que la luz se haga noche en torno mío».
Ni las tinieblas serían oscuras para ti y aun la noche sería clara como el día.
¡Lo mismo son para ti las tinieblas que la luz!

Salmos 139:11–12

Mi primer encuentro con la oscuridad sucedió cuando tenía trece años. A esa edad, experimentaba intensamente diferentes emociones como la ansiedad, el pánico y el desgano; además, me sentía insignificante, y vivía la más profunda depresión como resultado de haber tenido una infancia compleja y haber sido una niña muy sensible. Tenía muchas preguntas sin responder, las cuales me hacían pensar que el peso del mundo se cernía sobre mí a tan corta edad. Recuerdo haberme sentido completamente atrapada en mis temores y sensaciones de aquel momento. Aún tengo muy presente lo que pensé por semanas y meses: *Nada ni nadie será capaz de cambiar cómo me siento; nadie puede penetrar esta oscuridad en la que siento que me ahogo.*

Si has sufrido o sufres de depresión, o de algún padecimiento similar, sabrás que estos pensamientos no son exagerados (aunque lo parezcan), porque se corresponden con la forma en la que nos sentimos cuando atravesamos este tipo de crisis. Para la persona que experimenta ese estupor en su mente y sus emociones, lo que vive es completamente real. Incluso la ciencia explica a nivel biológico y ofrece evidencia de lo que sucede en un organismo que está deprimido o ansioso: el funcionamiento de nuestros neurotransmisores se ve afectado, nuestros niveles de serotonina, adrenalina y cortisol se vuelven anormales, y experimentamos afectaciones a nivel cognitivo, neurológico, digestivo y metabólico. Lo que experimentamos al sentirnos así es profundamente real.

En lo que respecta a mi historia, esta no fue la única ocasión en la que me encontré en un valle parecido. Sin embargo, sí fue la primera vez que me sentí disuadida en mi creencia de que nadie podría penetrar mi oscuridad. En Salmos 139, el rey David comprendió el sentir de quienes, en algún momento, nos hemos sentido así de desesperanzados (v. 11). Sin embargo, él inmediatamente procede a declarar una verdad que lo cambia todo: *«Ni las tinieblas serían oscuras para ti y aun la noche sería clara como el día. ¡Lo mismo son para ti las tinieblas que la luz!»* (v. 12).

Quisiera pedirte que te detuvieras conmigo a pensar en esto que nos revela la Palabra de Dios: para nuestro Padre, en su realidad, que es la única verdadera y absoluta, la oscuridad es lo mismo que la luz. Nuestras dificultades y penumbras no lo detienen de llamarnos, rescatarnos y cumplir sus propósitos en nuestras vidas. Nuestros momentos más bajos y agobiantes no son lo suficientemente graves para separarnos de su amor (Romanos 8:35-39), porque su fidelidad está para siempre con nosotros.

Creer que hay tal cosa como un sentimiento, un pensamiento, un padecimiento o una enfermedad que Dios no tiene el poder de transformar, o pensar que él simplemente no puede penetrar en esa realidad agobiante que vives, significa creer en una mentira que nos engaña. Si bien la realidad de nuestras experiencias es genuina cuando nos sentimos agobiados, ansiosos o deprimidos, cuando pensamos y sentimos que no hay esperanza, nos equivocamos. Para Dios, nuestras tinieblas no son oscuras, y su luz y la esperanza que nos da en Cristo superan en mucho nuestras vulnerabilidades en un mundo roto. A la oscura desesperación, Dios responde con la más poderosa esperanza: su Hijo, que venció las tinieblas de una vez y para siempre. Así que, antes de hundirte en el abrazo de tu propia oscuridad, recuerda que hay unos brazos amorosos que penetran en ella con su luz y que allí, aun en lo más difícil y aunque no lo sientas así, estás seguro en él.

Como una persona que sabe cómo se sienten esos momentos o temporadas de oscuridad mental y emocional, pero que ha tenido el regalo de conocer la esperanza que irrumpe con su luz en esa penumbra, quiero animarte hoy. No hay un lugar de donde Dios no pueda sacarte; no hay una condición demasiado lejana de él cuando reconocemos nuestra infinita necesidad de su amor.

Justo antes de los versículos que presenté al principio, David había declarado:

> *¿A dónde podría alejarme de tu Espíritu? ¿A dónde podría huir de tu presencia? Si subiera al cielo, allí estás tú; si tendiera mi lecho en el fondo de los*

dominios de la muerte, también estás allí. Si me elevara sobre las alas del alba, o me estableciera en los extremos del mar, aun allí tu mano me guiaría, ¡me sostendría tu mano derecha! (vv. 7-10)

La revelación bíblica nos recuerda, una y otra vez, que la fidelidad de Dios lo cubre todo, porque esta es una de las grandes expresiones de su carácter amoroso e invariable. En la más profunda de nuestras oscuridades, Dios sigue siendo luz. Para él, ninguna realidad es excesivamente compleja o difícil de transformar. Dios jamás te abandona y tus tinieblas no son demasiado oscuras para él.

TE INVITO A ORAR CONMIGO:

Padre fiel, quiero darte las gracias porque no son mis percepciones ni sentimientos los que determinan mi realidad. Tú eres quien la determina, y por eso, sé que la fidelidad de tu amor me sostiene. Sin embargo, mis momentos o temporadas de ansiedad o depresión a veces se sienten abrumadores. Recuérdame hoy que caminas conmigo en el valle, que eres fiel en cada temporada y que mi oscuridad no te asusta, porque lo mismo te son las tinieblas que la luz. Amén.

LECTURAS RECOMENDADAS:

Salmos 139; Romanos 8:35-39.

Día 4

Fiel para salvarnos

Porque tanto amó Dios al mundo que dio a su Hijo único, para que todo el que cree en él no se pierda, sino que tenga vida eterna. Dios no envió a su Hijo al mundo para condenar al mundo, sino para salvarlo por medio de él.

JUAN 3:16–17

DE TODA LA HISTORIA DE MI VIDA, este es el momento más significativo que podré compartir. Aunque era muy joven, a mis escasos catorce años, estaba sedienta de conocer la verdad, solo que no sabía dónde se encontraba esta verdad. Tenía una idea de Dios, pero no comprendía cómo aquella imagen colgada en la pared de mi colegio podía responder a todas las preguntas y aliviar la angustia que recientemente se había hecho tan presente en mi vida debido al incremento de mis ataques de pánico y ansiedad crónica. Como la buena lectora que era, había comenzado a buscar respuestas en decenas de libros sobre distintos temas, porque sabía que *tenía* que haber algo más que esto que vemos con nuestros ojos. Así, me introduje en el mundo de la metafísica, la reencarnación y la astrología. Y en todo aquello, buscaba desesperadamente paz, una identidad y un propósito.

En el camino, algunas ideas resonaban y me invitaban a aprender más, pero ninguna respondía a mis preguntas ni a la inmensa desesperación que sentía. Durante ese proceso, mi madre, que había estado observando mi situación y por ende orando por mí, me prestó su Biblia. Recuerdo haber abierto una página que llamó mi atención, en el primer capítulo de Josué: *«¡Sé fuerte y valiente! ¡No tengas miedo ni te desanimes! Porque el Señor tu Dios te acompañará dondequiera que vayas»* (v. 9). Solo Dios podía saber que esas dos cosas —el temor y el desánimo— eran las causantes de las dos grandes luchas que se libraban dentro de mí. En medio de la mezcla de influencias y creencias confusas, hice una oración retadora a Dios: «Si tú, este Dios de la Biblia, eres el verdadero, quiero que me lo pruebes. Nada ha sido capaz de quitarme la ansiedad, el pánico y el desánimo, los cuales solo empeoran. Si eres el Dios verdadero, serás quien me sane de esto».

Dejando a un lado lo soberbio de mi oración, la intención de mi corazón era honesta. Yo quería conocer la verdad y ser libre de todo lo que me atormentaba. A las pocas semanas, recibí un regalo. Se trataba de un CD (¡era la década de 1990!) que contenía una canción de amor que había escuchado en la radio y me gustaba. Pero este disco realmente era un disco cristiano. La primera vez que lo escuché completo, llegué a la última canción, titulada «Al mundo Dios amó». El coro cantaba una versión de Juan 3:16, declarando la verdad de que Dios había amado tanto al mundo que dio a su Hijo, y que todo aquel que creyera en Jesús no perecería, sino que tendría vida eterna. El puente de la canción hacía una invitación recordándonos que Dios es fiel en sus promesas y que podemos dar el paso de fe, para lo cual seremos ayudados por él y con ello tendremos finalmente paz.

Y, aunque parece que narro la escena de una película, al escuchar esa frase, caí completamente de rodillas y no pude parar de llorar. De un momento a otro se hizo muy claro en mi corazón que Jesús había muerto y resucitado por mí, para que yo no tuviera que vivir angustiada y temerosa. Además, me decía que estaba ahí para ayudarme a comenzar ese camino junto a él. De un momento a otro, se hizo evidente que todas las otras filosofías y enseñanzas en las que había buscado paz eran falsas. Supe que la verdad me había encontrado, y aunque en nuestra historia he tenido muchos altos y bajos, Dios ha sido fiel a lo primero que me dijo: jamás ha dejado de estar a mi lado y nunca me ha soltado.

Así de fiel es Dios contigo. Tan fiel que dio a su único Hijo en una cruz para que, por medio de la fe, pudieras vivir una vida realmente plena y eterna junto a él. Dios ha sido fiel para salvarte y traerte de la muerte a la verdadera vida.

Si aún no has dado el paso de comprender y aceptar esta vida que se te ofrece, quiero animarte a hacerlo. Dios te llama por tu nombre y te quiere para sí mismo, porque te ama entrañablemente. Quizá no has podido sentirlo, pero el Señor ha sido fiel contigo toda tu vida. Es posible que este sea el momento de dar ese paso de confianza para seguirlo con tus ojos abiertos.

Si tuviste ya un encuentro con Dios –haya sido hace poco o, como yo, hace muchos años– quisiera que tomaras un momento para meditar en cuán amoroso es ese Dios que ha sido fiel para buscarte, llamarte por tu nombre y salvarte de una vida destinada a la muerte en todo sentido. Quizá en tu caso no se trató de un momento tan dramático o específico, pero sabes que Dios hizo una obra salvadora en ti.

A lo largo de estos veintiséis años de tener una vida verdadera, he necesitado recordar esta verdad diariamente; pensar en este sacrificio y en cómo impacta mis luchas, mi camino y mi esperanza. Quisiera recordarte lo mismo: *el que fue fiel para salvarte, lo seguirá siendo siempre, en todo lo demás.*

TE INVITO A ORAR CONMIGO:

Dios, reconozco tu fidelidad desde el momento en el que decidiste darme el primer respiro de vida. Quiero darte las gracias por enviar a tu único Hijo a morir sacrificialmente en una cruz por mí; esa es la muestra de amor más grande que existe. Gracias porque, aunque estuve lejos de ti, me llamaste y fuiste fiel para salvarme, porque no querías que permaneciera lejos de ti, ni ahora ni durante toda la eternidad. Ayúdame a vivir conforme al regalo que he recibido y a confiar en que, si has sido fiel en lo más importante, lo continuarás siendo para todo lo demás. Amén.

LECTURAS RECOMENDADAS:

Josué 1:9; Juan 3:16-17; Romanos 8:32.

Día 5

Fiel para transformar tu manera de pensar

Que se presenten tus astrólogos, los que observan las estrellas, los que hacen predicciones mes a mes, ¡que te salven de lo que viene sobre ti!

Isaías 47:13b

Desde la temprana edad de ocho años ya era una ávida lectora. En un mundo donde no existían los celulares ni el internet, los libros eran mi pasaje a diversos mundos de aventura y fantasía. Y para una hija única como yo, leer se volvió mi más grande compañía. Aunque mi género literario favorito era y sigue siendo el de las novelas, leía absolutamente de todo. Y así fue como llegaron a mi vida la astrología, la metafísica y diversas enseñanzas de la Nueva Era. A pesar de estar siendo educada en un colegio profundamente católico y de sentir un llamado a seguir a Cristo, aquel mundo donde las estrellas tenían algo que decir sobre mi identidad y donde entraba en contacto con algo más que lo simplemente tangible, me parecía fascinante. Por lo tanto, a lo largo de mi infancia leí unos diez o doce libros sobre esos temas.

Cuando me acerqué a la adolescencia, sentí una mayor necesidad de encontrar mi identidad. Y el zodíaco decía saber algo sobre mí que parecía ser cierto, porque podía ver cómo muchos rasgos de mi personalidad coincidían con el signo al que pertenecía por mi fecha de nacimiento. Esto me llevó a adentrarme más en lo que las constelaciones podrían decirme acerca de quién era, ya que en esa época necesitaba desesperadamente aceptación y seguridad. Recuerdo que sentía una especie de alivio al verme reflejada en una descripción zodiacal, como si el universo me hubiera creado con un sentido y así yo pudiera amarme y aceptarme como era.

Para cuando cumplí catorce años, no solo estaba muy metida en el mundo de la astrología (imagina que hasta sabía calcular ascendentes y descendentes zodiacales), sino que me había empezado a fascinar también el mundo de la reencarnación. Recuerdo haber leído el popular libro *Muchas vidas, muchos sabios*, de Brian L. Weiss, y haber sido totalmente capturada por la idea de que mi vida no se limitaba a esta que vivía y mi alma iba a trascender. Si la astrología me proporcionaba identidad, mis aprendizajes sobre la reencarnación me brindaban dirección y propósito, o al menos eso pensaba yo.

Cuando Cristo llegó a mi vida en medio de la profunda depresión y desesperación que enfrenté (una historia que está relatada en el día 4 de estas meditaciones), mis ojos fueron abiertos a su verdad mediante su gracia y su poder operando en mí. Lo primero que ocurrió en mi mente fue un entendimiento de que Cristo había dado su vida en la cruz y había resucitado con poder para que yo no tuviera que vivir presa del pecado y el dolor en este mundo. Ahora tenía una esperanza. Pero lo segundo que ocurrió –una evidencia de que algo milagroso y trascendente había sucedido dentro de mí– fue que *instantáneamente*, de un minuto a otro, dejé de creer en la astrología, la reencarnación y cualquier enseñanza inspirada en las filosofías de la Nueva Era. Dos velos fueron removidos de mis ojos: el que me impedía ver mi pecado y mi verdadera condición, y el de las profundas convicciones falsas que guiaron mi vida por años.

Desde ese momento hasta ahora, veintiséis años más tarde, cualquier enseñanza sobre la astrología y la reencarnación hace que mi estómago se revuelva. No soy capaz de darle ni un ápice de credibilidad y sé que el Espíritu Santo me ha regalado el discernimiento para detectar muchas de estas falsas enseñanzas que han intentado infiltrarse en la iglesia cristiana.

Dios fue fiel para alejarme rápidamente de enseñanzas falsas que me decían mentiras, incluso antes de que yo comenzara a estudiar su Palabra en profundidad. Dios sabía el peligro que corremos al confiar en otras cosas diferentes a él para que determinen nuestra identidad y nuestro camino, así que, igual que arrancamos una bandita, removió rápidamente todas esas convicciones de las que me había alimentado por mucho tiempo. Y esto es algo que solo nuestro Dios tiene el poder de hacer.

Si bien es cierto que el Señor no siempre obra de la misma manera, resulta muy importante reconocer su fidelidad en lo que concierne a transformar nuestra manera de pensar. Esto es algo en lo que no nos deja solos, sino para lo que su Espíritu nos capacita. Transformar nuestra mente, reconocer que ya no somos esas viejas criaturas y cambiar de rumbo debe ser una intención continua en nuestro camino de la fe, pero solo Dios tiene el poder para abrir nuestros ojos a esa realidad.

Si en algún momento has luchado con el deseo de renovar tu mente de alguna creencia o convicción, pensando que no puedes hacerlo, te animo a recordar que el Espíritu Santo vive y opera en ti y es capaz de transformar tu manera de pensar, ayudándote a ver el mundo a través de sus ojos. Y es que solo así podremos comprobar cuál es la voluntad de Dios: siempre buena, agradable y perfecta.

Es en esa voluntad que descansan tu identidad y tu destino, no en la de ninguna estrella o teoría metafísica que no tienen el poder de nuestro Dios. Tu Padre es el creador de las estrellas, a cada una la llama por su nombre, y es fiel para transformar tu manera de pensar y abrir tus ojos a toda verdad: su Verdad.

TE INVITO A ORAR CONMIGO:

Mi Creador, te doy gracias por encontrarme y llamarme a tu esperanza. Gracias por abrir mis ojos y porque, en ti, soy una nueva criatura, que tiene nuevas convicciones y una nueva forma de vida. Recuérdame siempre que tienes el poder para transformar mi antigua manera de pensar y reemplazar las mentiras que pude haber creído con tu verdad. Gracias porque mi identidad, mi propósito y mi destino dependen solo de ti. Amén.

Día 5: Fiel para transformar tu manera de pensar

LECTURAS RECOMENDADAS:

Levítico 20:6; Deuteronomio 18:10–12;
1 Crónicas 10:13–14; Isaías 47:13; Romanos 12:2.

Día 6

Fiel para guiarte

Yo te instruiré, yo te mostraré el camino que debes seguir; yo te daré consejos y velaré por ti.

SALMOS 32:8

AUNQUE PUEDA SONAR UN POCO ABSURDO, algo de mi forma de ser que solía generarme mucha ansiedad es la variedad de cosas que me gustan e interesan. En serio, no estoy bromeando. Quizás si tú eres así, o conoces a alguien que lo es, podrás comprender lo que digo. Y, aunque en mi caso yo no soy ese tipo de persona que es «buena en todo» (mis profesores de matemática y química podrían confirmar esto), siempre he sentido pasión por las cosas que me interesan, y vaya que son muchas.

Así que te imaginarás que, cuando tenía dieciséis años, esto era un verdadero drama en mi cabeza. Desde muy pequeña amaba escribir, la música y el canto, y soñaba con convertirme en una cantante famosa. Cuando Cristo llegó a mi vida, el sueño continuó, solo que en ese momento se «cristianizó» (ríete conmigo). Aunque esa pasión por cantar continuó —¡incluso hasta el día de hoy!—, también comenzó a interesarme la diplomacia, el mundo humanitario, los idiomas, la historia, la filosofía y el derecho.

A la par de todo esto, era una cristiana nueva y quería vivir mi vida al máximo para Jesús, solo que no tenía ni idea de cómo hacerlo ni sabía de qué manera mis sueños encajaban en la vida nueva que estaba experimentando. Eso sí, tenía muy claro que no quería abandonarlos; no quería perderme ninguna posibilidad de la vida.

«Quiero vivir la vida al máximo, Dios. ¡Y quiero que mi vida importe!», solía orar en esta época. A pesar de la evidencia de egocentrismo que puedes ver aquí, mi oración era sincera. Me daba miedo dejar a un lado alguno de mis intereses, porque significaría perderme grandes posibilidades y pasiones; perderme de vivir al máximo mi potencial, que era una frase que escuchaba tanto dentro como fuera de la iglesia. Sin embargo, la realidad tocó muy rápido a mi puerta cuando ese mismo año debí elegir qué carrera estudiar en la universidad y decidí que el derecho era una opción que se alineaba con esta nueva pasión por la justicia y el mundo humanitario. Me tracé un plan y Dios me ayudó a cumplirlo. Mis cinco años de carrera transcurrieron fácilmente para mí, en los siguientes tres hice una maestría en derecho internacional, y solo una década después estaba trabajando en la ONU. Todo esto sin recursos, contactos ni facilidades particulares; hecho posible por mi Padre Dios.

No obstante, una parte de mí siempre resintió un poco haber dejado tan relegada mi faceta creativa. Siendo profesional, servía en varios ministerios de mi iglesia local, especialmente en el musical. Pero no podía evitar preguntarme: «¿Es este mi propósito? ¿Trabajar en la ONU, cantar los domingos y orar públicamente?». Siempre sentí que Dios me llamaba a otra cosa, no porque lo que ya hacía fuera un llamado inferior, sino porque quizá él no quería usarme solo así.

Para mis veintiocho años, aún no tenía mucha idea de cuáles eran mis dones o de cómo estaba invirtiendo lo que Dios me había dado en su reino. Incluso pisando mis treinta, sentía este remolino de intereses y pasiones en mí, y en mi diario de oración registraba peticiones que clamaban a Dios por dirección: «¿Qué es lo que quieres que haga, Señor? ¿Cómo quieres que te sirva? Si es un ministerio, ¿cómo saber cuál? ¿Quieres que te sirva como abogada, o cantando los domingos, o trabajando para ti a tiempo completo? ¡Dime, por favor, ya tengo casi treinta!».

A los pocos meses, en medio de estar viviendo una de las experiencias más satisfactorias en mi carrera como abogada de derechos humanos, Dios dejó muy claro para mí que me estaba llamando al ministerio a tiempo completo. No sabía cómo hacerlo, pero al menos ya tenía una certeza. Entre ese momento y la transición a dedicarme a una vida ministerial como misionera, escritora y creadora de contenido cristiano, pasaron algunos años. Pero puedo testificar que Dios fue fiel para guiarme al lugar que él tenía en mente, donde uso mis dones creativos y mi tiempo para su gloria, según su bondadosa voluntad.

Nunca imaginé que escribir estas líneas sería parte de mi servicio, que testificar de Cristo a estudiantes internacionales y grabar un video enseñando sobre la Biblia serían actividades que formarían parte de mi trabajo. Reconozco el inmenso privilegio que es eso y me llena el corazón poder vivir mi propósito así. Y todo ha sido debido a su fidelidad para guiarme y proveer la manera de lograrlo. Él terminó respondiendo claramente a mi oración de hace más de dos décadas, siendo fiel al guiarme en sus planes para mi vida.

El propósito para el que fuimos creados no se expresa en una carrera específica, una ocupación o un ministerio particulares, sino en hacer todas las cosas para proclamar a Cristo. Somos llamados a exhibir su carácter y llevar su luz a los lugares más oscuros, y eso hace de tu existencia en la tierra algo increíblemente relevante. Es el enfoque en él lo que te permitirá tomar mejores decisiones; es poner la vista en su misión lo que te llevará a conocer qué es lo que te gusta y cómo puedes usarlo para darle gloria a Dios en todo momento. Hay libertad en Cristo para crecer, experimentar y conocer cómo podemos servir mejor para ser luz en este mundo sombrío. La vida transcurre siempre en distintas etapas, y no precisamos saberlo todo ahora, pero sí necesitamos confiar en que él nos guiará a tiempo si lo buscamos y anhelamos su voluntad.

Dios te creó exactamente como eres, puso en ti dones y talentos que son un reflejo de su infinita creatividad e intención. Él sabe dónde, cómo, cuándo y para qué usarlos; no desesperes, porque cuando caminas con Dios, ya caminas en tu propósito. Sé fiel para darle gloria donde sea que te encuentres, y tu Padre, que es fiel para guiarte, te conducirá por los caminos precisos que quiere llevarte, para su gloria y para tu bien.

No temas confiarle tus sueños, intereses y anhelos más profundos a Dios. Es posible que no se vean exactamente como los imaginas hoy, pero te garantizo que, en sus manos, esos anhelos cobran otro color y un impacto eterno, uno que hoy no alcanzas a dimensionar.

TE INVITO A ORAR CONMIGO:

Padre celestial, tengo muchos sueños y anhelos, y a veces no sé cuáles son parte de tu voluntad para mí. Deseo tener una vida llena de significado, pero no quiero vivirla para mis propósitos personales, sino para tu reino. Guíame, muéstrame el camino por donde debo andar, y jamás quites tus ojos de mí. Quiero ser sensible a tu voz y tu Palabra, y confiar en que estaré en el lugar, el momento y el trabajo adecuados siempre que tú estés junto a mí. Amén.

LECTURAS RECOMENDADAS:
Salmos 32; 1 Corintios 12.

Fiel en tu tibieza

Día 7

Conozco tus obras; sé que no eres ni frío ni caliente. ¡Ojalá fueras lo uno o lo otro!

Apocalipsis 3:15

Esto no es algo de lo que esté orgullosa, pero una gran parte de mi primera década como cristiana la viví de la manera más «tibia» posible. En cuanto pasaron los efectos y el frenesí de ese primer encuentro con Jesús, los atractivos del mundo me llamaron a la ambigüedad en mi vida como creyente. Afirmaba ser cristiana, iba a la iglesia con cierta regularidad, oraba y leía mi Biblia (de acuerdo, solo leía algunos versículos, pero eso contaba para mí). En la teoría, no estaba «demasiado mal»; técnicamente era salva, no llevaba una vida de libertinaje y tenía buenos deseos de superarme y formar una familia algún día.

Sin embargo, en la práctica, me enfocaba demasiado en agradar a todos, cumplir mis metas personales y convertirme en «alguien», porque creía que todas esas cosas me darían lo que anhelaba en la vida: pertenencia, significado y amor. De modo que pasé muchos años de mi juventud menospreciando el tiempo en comunidad con otros creyentes y priorizando las actividades académicas. En vez de crecer en el conocimiento de Dios, invertía mi tiempo libre en alimentar mis sueños e intentar fortalecer mi autoestima. Si me preguntaban directamente, decía que creía en Dios y era cristiana, pero trataba de no usar palabras como «Espíritu Santo» o «Jesús» para no parecer demasiado evangélica. Evidentemente, me importaba mucho más mi proyección hacia otros que el nombre de Cristo.

Con el paso de los años, esa tibieza me llevó a lugares más extremos, donde comencé a negociar lo que Dios decía que era innegociable. Y es que ese es uno de los peligros de la tibieza, su potencial para empujarte al otro lado muy fácilmente. Todo se vuelve relativo y, cuando menos lo esperas, niegas el nombre del Señor, si no con tus labios, con la desobediencia a sus principios y mandatos.

En Apocalipsis 3 encontramos las palabras de Jesús al hablarle a la iglesia ubicada en Laodicea, una ciudad conocida por su prosperidad económica, con una industria textil destacada y una escuela de medicina muy famosa que producía colirio para los ojos. Paradójicamente, aun con todas estas condiciones favorables, Laodicea no tenía una fuente de agua directa, sino que recibía agua a través de los acueductos desde Hierápolis (aguas termales) y Colosas (aguas frías). Cuando el agua llegaba a Laodicea, estaba tibia y resultaba desagradable. Es por esto que Jesús usa esta analogía, ya que sería bien comprendida por la iglesia laodicense como descripción del estado espiritual de una iglesia indiferente, complaciente y sin pasión.

En este contexto, Jesús no se refería a la frialdad como si representara falta de fe o incredulidad, sino más bien a aquel que es honesto sobre su condición, tal vez hasta receptivo a la corrección, mientras que lo caliente simboliza la fe fervorosa, activa y comprometida. Sin embargo, la tibieza es peligrosa porque, aunque se disfraza de espiritualidad, está vacía de verdadero compromiso o arrepentimiento, sin afrontar sus debilidades ni reconocer su necesidad urgente de Cristo. En los versículos 16 y 17, él continúa: «*Por tanto, como no eres ni frío ni caliente, sino tibio, estoy por vomitarte de mi boca. Dices: "Soy rico, me he enriquecido y no me hace falta nada"; pero no te das cuenta de cuán infeliz y miserable, pobre, ciego y desnudo eres tú*».

La palabra usada en el versículo 16 es *vomitar*. A muchos puede parecernos una expresión demasiado grotesca, pero comunica lo desagradable que es para Jesús la autosuficiencia espiritual vacía. Muchos de nosotros hemos sido ejemplos del dicho popular que habla de «querer estar bien con Dios y con el diablo», declarando de labios nuestra devoción a Cristo, pero queriendo en el corazón encajar en el mundo. Matthew Henry decía: «La tibieza o la indiferencia en la religión es la peor disposición del mundo. Si la religión vale algo, lo vale todo; pero si no lo vale todo, entonces no vale nada».[3]

A veces, tendemos más a esta tibieza cuando todo parece ir bien. Tenemos lo que necesitamos y más, nuestros planes marchan como esperamos, somos prósperos en todo, así que no nos resulta tan evidente nuestra necesidad de Cristo. No obstante, aunque la iglesia de Laodicea se veía

3. Matthew Henry, *Commentary on the Whole Bible: Volume VI – Acts to Revelation*. Comentario a Apocalipsis 3:14-22, sección II, https://www.blueletterbible.org/Comm/mhc/Rev/Rev_003.cfm.

a sí misma como próspera y autosuficiente, Jesús revela su verdadera condición: miserable, pobre, ciega y desnuda (v. 17). Y es que esa es nuestra verdadera condición cuando nos alejamos del Señor: nos privamos del verdadero alimento de nuestra alma, del agua viva, de vivir abundantemente y para lo eterno.

Quizá sabes esto y te ha costado volver a él, porque eres consciente de tu verdadera condición. Sin embargo, a lo largo de esos años en los que acudía al Señor solo por conveniencia y estaba más apasionada por otras cosas que no eran él, Dios siguió a mi lado. En muchas ocasiones, me habló por medio de su Palabra, cuidó de mí de mil maneras e hizo milagros en mi vida. Porque él es fiel también cuando no lo merecemos.

Si, como sucedió conmigo, te has alejado, no es tarde para salir de la tibieza. Dios no te diseñó ni te alcanzó para que vivieras una fe a medias. Vuelve tu corazón a él. ¡Pídele ayuda para recobrar tu vista! Aun en la tibieza, Dios no se olvida de ti y permanece fiel a tu lado, animándote para que regreses a casa, porque tu bien se encuentra solo en él.

TE INVITO A ORAR CONMIGO:

Jesús, quiero pedirte perdón por la tibieza que me ha impedido ver que tú eres lo más valioso que tengo. Perdón por dejarme seducir por las pasiones de este mundo, creyendo que pueden darme algo que solo tú me das. Ayúdame en mi debilidad para poder seguirte sin reservas y con todo mi corazón, viviendo completamente para ti. Gracias, porque siempre has sido fiel, sin importar mi condición ni mi alejamiento. Apártame de una vida tibia, Señor. Amén.

LECTURAS RECOMENDADAS:
Isaías 49:15; 2 Corintios 8:9; Apocalipsis 3:15-20.

Día 8

Fiel en medio de la envidia

—Señor, ¿no te importa que mi hermana me haya dejado sirviendo sola? ¡Dile que me ayude!

LUCAS 10:40b

HAY DOS HISTORIAS EN LA BIBLIA que siempre me han impactado por la profunda enseñanza que nos dejan acerca de cuán cercano está Dios y cuánto le importa que le demos nuestro corazón. Son dos relatos donde vemos su ternura, su cuidado y lo mucho que él nos ama. Sin embargo, siempre han sido dos historias en las que me identifico con el personaje «equivocado». Permíteme explicarlo mejor haciendo referencia a ambos relatos.

La conocida parábola del hijo pródigo fue una que escuché desde muy pequeña. Un padre tenía dos hijos y un día el hermano menor le pide lo que le corresponde de su herencia familiar. Con el dinero, abandona el hogar y gasta lo heredado en toda clase de vicios, banalidades y pecados. Pronto, al verse sumido en una gran necesidad económica, se arrepiente y resuelve ir a donde su padre a pedirle perdón por sus errores y solicitarle ser tratado como uno de sus jornaleros. Pero el padre, cuando ve al joven a lo lejos en el camino, se alegra y organiza un festín para honrar el regreso de su hijo. Toda esta escena nos habla de cuánto nos ama el Padre, quien aun cuando decidimos vivir alejados de él, malgastando todo lo que nos ha dado y alimentándonos del pecado, nos recibe con brazos abiertos cuando estamos dispuestos a volver a casa. Sin embargo, la historia no termina ahí. Paralelamente, el hermano mayor, que había permanecido al lado de su padre sirviéndolo y obedeciéndolo, se siente indignado por este trato preferencial que él nunca había recibido, pese a ser un hijo ideal.

No importa cuántas veces hubiera escuchado esta parábola, siempre luchaba con el hecho de que se presentara al hermano mayor como el «malo envidioso». Es más, para mis adentros, siempre decía: «¡Pero es que el hermano mayor tiene razón! ¿Cómo puede haber una recompensa para el que tomó malas decisiones, despreció a su padre y malgastó todo?». Siendo sincera, aún me acompaña un poco de ese sentimiento al leer la historia.

Por otro lado, está el relato que se nos presenta de Jesús mismo con las hermanas María y Marta (curiosamente, otro «conflicto» entre hermanos). Aquí ya no se trata de una parábola, sino de una interacción real entre Jesús y ambas mujeres. Marta estaba recibiendo a Jesús en su casa y se sentía abrumada por todos los quehaceres domésticos que probablemente implicaba aquella visita. Mientras tanto, María decidió sentarse a escuchar las enseñanzas de Jesús atentamente. Esto indignó mucho a Marta, que apeló a la autoridad de Jesús para señalar el «error» de su hermana: *«Señor, ¿no te importa que mi hermana me haya dejado sirviendo sola? ¡Dile que me ayude!»* (Lucas 10:40b). Ante esta acusación, el Señor decide señalar que, mientras Marta se ha enfocado en las ocupaciones y por eso está tan abrumada, su hermana María se concentró en aprovechar lo más importante: tener a Jesús cerca y aprender de él.

El registro de este encuentro nos deja reflexionando en cuán fácilmente somos arrastrados por las ocupaciones, los deberes y las responsabilidades, y cómo ello nos impide fijar nuestros ojos en Cristo. Pero también nos hace pensar en lo errado del sentimiento y la acusación de Marta. Sin embargo, y haciendo una segunda confesión personal, siempre me ha resultado muy fácil identificarme con ella. Aunque comprendo la enseñanza de Jesús en cuanto a lo que es más importante, siempre me fue más fácil sentir empatía hacia Marta y el sentimiento de injusticia que experimentaba. No obstante, en mis años de luchar con mi sentir acerca de ambos relatos, he aprendido varias cosas sobre las que quisiera llamar tu atención.

Si te fijas, ambas son historias en donde el personaje «envidioso» (el hijo mayor y Marta) están en desacuerdo con cómo el padre (o Dios) y Jesús tratan a quien, supuestamente, estuvo haciendo lo incorrecto. Ambos recurren a su autoridad para reclamar ese trato, porque están convencidos de que no es un trato justo y ellos deben decir algo. Asimismo, ambos se refugian en su rectitud, obediencia y diligencia para argumentar por qué es injusto que sus respectivos hermanos reciban honra o reconocimiento si no hicieron lo que debían. Al mismo tiempo, ambos, el hijo mayor y Marta, pasan por alto que mientras ellos se fijaban en la recompensa «injusta» de sus hermanos, ambos siempre tuvieron acceso a lo mejor de Dios. Para el hijo mayor siempre estuvo disponible todo: una relación con su padre, sus riquezas, su obra, todo. Marta tenía en su hogar al Rey de reyes, al Creador del universo y a su Salvador. Podía dejar de barrer el piso para sentarse a sus pies. Sin embargo, en ninguno de los dos casos pudieron ver lo que se perdían por estarse fijando en lo que Dios hacía con sus hermanos.

Así como ellos, muchos de nosotros hemos perdido tiempo comparándonos con otros en distintos aspectos de la vida. Esa comparación nos ha llevado muchas veces al oscuro pecado de la envidia y revela el orgullo que nos consume. Pero Dios, siempre fiel para conocer cómo somos y exhortarnos en la verdad, nos recuerda: *«Cada cual examine su propia conducta; y si tiene algo de qué presumir, que no se compare con nadie. Que cada uno cargue con su propia responsabilidad»* (Gálatas 6:4-5). Dios sabe que esta es una lucha a la que tendremos inclinación, y por eso nos invita a enfocarnos en él y la respuesta que le damos, no en los otros.

Por otra parte, una gran lección en estas reacciones es cuán ciegos estaban (¿o estamos?) al entendimiento de la gracia. La lógica de sus mentes simplemente no funcionaba en la situación que vivían porque la gracia no es lógica, es un acto de amor inexplicable. Muchos de nosotros, al hacernos víctimas del mundo, compararnos con los demás y concluir que Dios es injusto en su trato, no solo nos perdemos la posibilidad de comprender cómo su gracia alcanza a otros, sino lo que significa que nosotros mismos podamos disfrutarla. Aun cuando atraviesas sentimientos de envidia, Dios es fiel contigo. Así como hizo con Marta,

Jesús nos recuerda que ya tenemos la mejor parte (¡a él!), y vaya que es un favor completamente inmerecido.

En medio de tus luchas con los sentimientos de injusticia, comparación o envidia, Dios es fiel. Él te conoce y te comprende, y justo por ello te llama a arrepentirte para que tu corazón no se contamine. Dios te recuerda hoy cuánta gracia ha sido derramada sobre ti para que tus ojos pudieran ser abiertos a su verdad y no enfrentaras la muerte que trae el pecado.

Abre tus ojos a su amor y desenfócalos del camino de otros. Dios es fiel, con ellos y contigo.

TE INVITO A ORAR CONMIGO:

Amado Jesús, quiero pedirte que me encuentres en el lugar donde estoy, ya sea que me sienta como el hijo mayor, el hijo pródigo o Marta, a quien un día confrontaste con amor y verdad. Ayúdame a ver cómo en ti no hay razón para compararme con otros ni envidiar lo que has hecho en sus vidas. En ti todo lo tengo y todo me lo has dado. Permíteme ver cuáles son todos esos regalos que me puedo haber estado perdiendo. Ayúdame a disfrutar el regalo de tu presencia y cercanía, y a descansar en tu amor sin compararme con los demás. Amén.

LECTURAS RECOMENDADAS:

Gálatas 5:21; Gálatas 6:3-5; Lucas 10:38-42; Lucas 15:11-32.

Fiel en las transiciones

Día 9

Solo él es mi roca y mi salvación, mi fortaleza donde no seré sacudido.

Salmos 62:6 (NTV)

Todavía recuerdo mi primer día en la universidad. Tenía diecisiete años recién cumplidos y temblaba de los nervios y la emoción al mismo tiempo. Por diversas circunstancias, la vida que había tenido hasta ese entonces se limitaba a una zona de la ciudad, a un círculo de amistades más o menos homogéneo, por lo que podría decirse que vivía en una pequeña burbuja, teniéndole algo de miedo al «mundo exterior».

Aunque ese primer día me llenaba de emoción, marcaba el comienzo de una nueva etapa repleta de cambios. Me da un poco de vergüenza admitir esto, pero a esa edad yo no sabía movilizarme sola (siempre le pedía a mi mamá que me llevara o acompañara a alguna parte) y a partir de ese momento para ir a la universidad debía cruzar la ciudad entera en transporte público. También debía despedirme del colegio al que había asistido por quince años, de la seguridad de la vida infantil y, básicamente, de todo lo conocido y seguro para mí.

Así que, como puedes imaginar, el comienzo de mi primer año universitario no fue precisamente fácil. Los cambios radicales siempre fueron difíciles para mí y este no fue la excepción. Me sentí abrumada por la cantidad de personas, lo inmensa que era la universidad y por tener que volverme completamente independiente de un día para otro. Esto, aunado al hecho de una fuerte crisis política que se desató en mi país a los tres meses de haber comenzado la universidad (la cual provocó una intensa conflictividad social en mi ciudad), contribuyó a que mis crisis de ansiedad regresaran y me costara mucho la adaptación a esta nueva etapa.

En muchos de esos momentos de sentirme ansiosa e inadecuada, corría a mi Biblia y mi diario de oración, avergonzada por no considerarme suficientemente «adulta» o madura, o por ser incapaz de disfrutar de esta etapa como todos los demás parecían hacerlo. Me preguntaba si algún día me sentiría segura de nuevo y si podría disfrutar mi experiencia universitaria.

Hoy, muchos años después, cuando miro hacia atrás, es completamente evidente que Dios estaba conmigo en esos momentos. De hecho, mis años universitarios terminaron siendo una experiencia increíble, llena de aprendizajes, amistades invaluables, oportunidades académicas y el comienzo de una carrera maravillosa. Por supuesto, en ese instante yo no conocía el futuro y me ahogaba en mi resistencia al cambio y los episodios de ansiedad generados por mi alta sensibilidad y mi gran miedo a lo desconocido.

Sin embargo, a través de todo eso, corrí al único lugar seguro que conocía: Cristo. Le pedía incesantemente que me llenara de paz, de confianza, y que me permitiera sentirme segura en esta nueva etapa. A lo largo de los meses, esas oraciones fueron respondidas. Fui acostumbrándome al cambio, encontré a un grupo de amigos afines y comencé a disfrutar mucho de mi carrera. Mi experiencia universitaria fue uno de los grandes milagros y regalos que Dios ha traído a mi vida. A través de ella, finalmente crecí, maduré y me convertí en una persona adulta independiente. Nuestro Padre fue fiel para demostrarme que él me llevaba de la mano a través de lo desconocido de este cambio y que no debía tener miedo.

Es posible que alguien más se identifique con este relato. Quizá tú o alguien que conoces tiene problemas en las transiciones y los cambios, y como consecuencia ha sufrido de ansiedad, pánico o un sentimiento de inadecuación abrumador. Si ese es tu caso, lo que más necesitas recordar hoy es que Dios y su verdad para ti están por encima de esos sentimientos. Su amor, tu identidad y tu destino eterno continúan asegurados en él, aunque tu vida cambie radicalmente de un momento a otro. Él va contigo en medio del cambio y las temporadas de tu vida. ¡Es más, él ya las ha transitado! ¡Dios conoce el futuro y aun así te declara que puedes confiar en él! (Salmos 139:16).

En medio de ese cambio que pudieras estar experimentando, recuerda que su protección te envuelve por completo y él te cubre con la palma de su mano (Salmos 139:5). Dios no está sentado en su trono juzgándote porque te sientes débil para enfrentar los cambios de una determinada forma, o porque deberías ser más maduro o tenerlo todo resuelto. Tenemos un Dios que nos entiende profundamente y se identifica con nuestras luchas y dolores (Hebreos 4:15), y él quiere ser tu lugar seguro en este proceso, del cual ya conoce el desenlace. No le temas a los cambios, ya que, como dicen, son de las pocas cosas seguras en esta vida. Pero aun si la tentación del temor y la dificultad para adaptarte tocan a tu puerta, puedes confiar en el Dios que es fiel para caminar contigo en las transiciones.

Incluso si todo a nuestro alrededor cambia y luchamos por adaptarnos, él permanece como la Roca firme que es:

Confíen en el SEÑOR para siempre,
porque el SEÑOR, el SEÑOR mismo, es la Roca eterna.

ISAÍAS 26:4

Cuando hasta nuestros propios pensamientos nos acusan, Jesús nos defiende.

Cuando nos sentimos atrapados en la tormenta, Dios es nuestro puerto seguro.

Cuando parece que no encontramos nuestra seguridad o en quién confiar, él permanece cerca.

Cuando todo a nuestro alrededor cambia, Dios permanece fiel e inmutable.

TE INVITO A ORAR CONMIGO:

Señor, tú que entiendes mi corazón como nadie, tú que me conoces desde que me entretejiste en lo oculto y que conoces el devenir de mis días, sostenme en medio de esta transición que tanto me inquieta. Te pido que, en medio de este cambio, camines junto a mí recordándome tu verdad: que eres fiel en medio de lo que cambia a mi alrededor y que eres mi Roca firme e inmutable. Amén.

LECTURAS RECOMENDADAS:
Isaías 26:4; Salmos 62, 139:16; Hebreos 4:15.

Fiel en tu imperfección

Estoy convencido de esto: el que comenzó tan buena obra en ustedes la irá perfeccionando hasta el día de Cristo Jesús.

FILIPENSES 1:6

NO TENGO MUY CLARO de dónde proviene la obsesión de nuestra cultura con el perfeccionismo. Pareciera que nada nos complace más como sociedad que invertir tiempo y energía en alimentar la falsa imagen, filtrada y pulida, que les presentaremos a los demás. Puede ser en el contexto de un *curriculum vitae* (CV), una red social, o inclusive del grupo pequeño de nuestra iglesia, pero hay un empeño colectivo en glorificar a las versiones editadas de nosotros mismos. A veces pareciera que nuestra identidad dependiese del concepto que los demás tengan de nosotros, y por eso nos esforzamos sin medida en presentarnos a otros según el ideal que tengamos en nuestras mentes.

Recuerdo que tuve un primer encuentro obvio con esta realidad en mis años como estudiante de Derecho. En el segundo o tercer año de la carrera, es usual que los estudiantes envíen su CV a las firmas de abogados para comenzar a adquirir experiencia como asistentes legales. Yo no fui la excepción al proceso, así que un amigo con más experiencia me ayudó a prepararme para mi primera entrevista. Su primer consejo fue: «Cuando te pregunten acerca de tus mayores defectos, siempre tienes que decir que eres muy perfeccionista y que tienes baja tolerancia a los errores». Y aunque en ese caso no era verdad (yo no tenía ninguna idea de cómo funcionaba el ejercicio del Derecho), eso fue lo que dije con mucha convicción en mi primera entrevista de trabajo. Imagino que el consejo funcionó, porque me contrataron inmediatamente.

En este mundo glorificamos la perfección y escondemos con esfuerzo los defectos. Como si quisiéramos –o pudiéramos– anular eso que somos por naturaleza: seres humanos que ignoran, se equivocan, fallan, tienen carencias y lloran. Seres humanos que pecan. Sin embargo, tememos tan intensamente que otros puedan ver dónde están nuestras «fisuras» que invertimos tiempo, energía y dinero en esconderlas. Si tienes alguna duda de esto, basta con darle una mirada a lo que hoy son las redes sociales, el mundo del *coaching* sobre la marca personal y hasta la industria de retoques cosméticos, en la cual se involucran personas cada vez más jóvenes. Tristemente, muchas de estas máscaras y filtros se sostienen en nuestra iglesia. Muchos quieren parecer los más hermosos, los más bendecidos, los más sacrificados o los más usados por Dios, como si eso pudiera añadir algo al amor que el Señor ya nos mostró a todos sus hijos.

En el fondo, todo esto revela que no solo tenemos un profundo miedo al rechazo, sino también que nos cuesta comprender lo completamente aceptados que somos en el Señor (Efesios 1:4-6), una decisión que él tomó por amor y *a pesar* de nuestros defectos y pecados. No tenemos necesidad de invertir en una fachada de perfección o dar una imagen intachable cuando se nos ha ofrecido la aceptación incondicional por medio de Jesús. ¡En él, y gracias a él, no tenemos nada que demostrar! Fue Dios quien ya demostró su fiel amor en medio de nuestras múltiples imperfecciones al entregar a su Hijo aun cuando conocía nuestra condición (Romanos 5:8).

¿Qué quiere decir todo esto? Que no necesitas ser perfecto ni tener un récord intachable para contar con la aceptación más plena que puedes tener, la de tu Padre. Ante él, no necesitamos usar máscaras de falsa piedad o presentar un CV brillante. No hay ninguna cantidad de rectitud que te pueda hacer justo delante de Dios. Esta realidad se describe perfectamente en las Escrituras:

> *Todos se desviaron, a una se han corrompido;*
> *no hay quien haga lo bueno, no hay ni siquiera uno.*
>
> SALMOS 14:3 (RVR-1960)

Y aunque no es una buena noticia que esa sea nuestra inclinación natural, el hecho de que pese a nuestra condición Jesús nos justificó, sí lo es. Esto debería cambiar la forma en la que nos percibimos a nosotros mismos, y sobre todo debe ayudarnos a afirmar la centralidad del papel de Dios en nuestra identidad. Somos falibles, pecadores e imperfectos, lo cual irremediablemente nos llevará a cometer errores que lamentaremos. Aunque no se trata de validar nuestro pecado ni perseverar en nuestras malas decisiones, es absolutamente clave que esta verdad nos lleve a dejar de ponernos en el centro de todo. Así, sin imponernos expectativas altísimas de quiénes debemos ser, podremos reaccionar coherentemente cuando fallamos o reconocemos nuestras limitaciones o debilidades, corriendo a los brazos de nuestro Padre santo. Hacerlo es la evidencia de que entendemos que Dios es perfecto y nosotros no, y además constituye un reconocimiento de cuánto necesitamos de él.

Cada vez que me ahogo en la realidad de mi propio orgullo, pensando cuán «inadmisible» es que cometa tal o cual error, o que otros puedan ver lo imperfecta que soy, Dios me recuerda su compromiso de completar la obra que él comenzó en mí (Filipenses 1:6). Todavía somos una obra en proceso. Y el proceso no depende de nosotros, sino de un Dios fiel para ir perfeccionándonos tal como se lo propuso. Y ese propósito no es que nuestro ego aumente para poder declarar cuán «intachables» somos, sino exclusivamente para su gloria.

Nuestro valor y aceptación en Cristo hoy no dependen de un récord de aciertos, sino de la fidelidad de su amor por nosotros. Podemos descansar en el hecho de que *«somos transformados a su semejanza con más y más gloria por la acción del Señor, que es el Espíritu»* (2 Corintios 3:18b) y dejar a Dios ser el único estándar de perfección. ¡Qué alivio tan increíble podemos experimentar cuando descansamos en la santidad de Dios, que brilla fielmente en nuestra oscuridad! No somos perfectos, pero pertenecemos al que sí lo es.

TE INVITO A ORAR CONMIGO:

Dios Santo, hoy quiero pedirte ayuda para vencer mi orgullo y la creencia de que mi valor yace en la perfección. Ayúdame a pensar mucho más en ti que en mí, para así poder comprobar que solo tú eres el único perfecto y que ya me has valorado, aceptado y amado infinitamente. Gracias por tu enorme fidelidad a pesar de mis errores y defectos; gracias porque me recuerdas que no tengo nada que demostrarle al mundo y que puedo aspirar a cambiar porque eso es parte de tus propósitos eternos. Amén.

LECTURAS RECOMENDADAS:

Salmos 14:3; 2 Corintios 3:18; Romanos 5:8; Filipenses 1:6.

Fiel en las oraciones «tontas»

Día 11

De hecho, él les tiene contados aun los cabellos de su cabeza.

LUCAS 12:7a

HACE DIECISIETE AÑOS, al poco tiempo de haberme graduado de la universidad, decidí mudarme por un año a un pequeño pueblo fronterizo entre Venezuela y Colombia para trabajar con una organización no gubernamental dedicada a la asistencia de los refugiados colombianos que en ese momento ingresaban a Venezuela. Fue una decisión bastante arriesgada, porque en ese lugar había una presencia importante de distintos grupos armados al margen de la ley y una tensión constante en el ambiente. Los que trabajábamos en las diferentes organizaciones de ayuda humanitaria y cooperación internacional en la zona debíamos acatar una especie de «toque de queda», según el cual no podíamos salir de nuestras casas después de las seis de la tarde, pues hacerlo comprometía nuestra seguridad personal.

Uno de los aspectos que hacía difícil vivir en ese lugar era que las opciones de entretenimiento y distracción resultaban tremendamente limitadas. El lugar donde yo había conseguido alojamiento era bastante precario, con una televisión que apenas funcionaba transmitiendo un canal local y sin internet. En aquella época, los teléfonos móviles no ofrecían el acceso a la información y el entretenimiento que nos brindan hoy en día, por lo que para una joven de veintidós años como lo era yo no había mucha distracción fuera del trabajo más que releer una y otra vez todos los libros que había llevado conmigo y escuchar música en mi iPod. Siempre he sido una apasionada de la música, así que contar con este dispositivo significaba tener un gran acompañante en esta solitaria aventura.

Sin embargo, luego de un par de meses de haber llegado al pueblo, mi iPod se dañó. No encendió más pese a que lo recargué, sincronicé e hice todo lo posible por revivirlo. Era casi imposible para mí reemplazarlo, pues aparte de encontrarme en esta localidad remota, había sido toda una hazaña el ahorrar para poder adquirirlo (así que la solución no era tan fácil como comprar otro y pedirle a mi familia que me lo enviara). Todos los días por casi un mes intenté «revivirlo» y nada funcionaba. Mientras tanto, una amiga de la organización me prestó su *router* de internet para que yo pudiera tener algo de conexión y escuchar música los fines de semana, pero pronto ella tuvo que mudarse de ciudad y ya no pude contar con esto. En cada caminata que hacía por las mañanas y durante todos los fines de semana extrañaba escuchar música, la verdad es que me ponía muy triste no poder hacerlo.

A la mañana siguiente de haber devuelto el *router* (más de un mes después del fallecimiento del iPod) fui caminando hacia el trabajo e hice una oración. Era una oración que se sentía muy tonta, irrelevante e inmadura en medio de la tragedia social y humanitaria que reinaba en el lugar donde estaba viviendo. Pero era una oración que necesitaba hacer: «Dios, por favor, quiero volver a escuchar música en las mañanas. No puedo comprar otro MP3 y solo tú sabes cuánta compañía, consuelo y ánimo me trae poder oír canciones en este tiempo, en este lugar. Sé que es una oración tonta y superficial, perdóname por eso».

Estás en la completa libertad de creer o no lo siguiente que voy a contar que sucedió. Esa misma tarde, llegué a casa y al rato abrí el cajón donde estaba guardado el iPod descompuesto. Como tantas veces había intentado hacer, pulsé el botón central y el iPod se encendió como si nada. Pude volver a escuchar música diariamente durante los nueve meses siguientes que permanecí allí, y esta fue una de mis mejores acompañantes en aquel tiempo.

Siempre podemos elegir creer que este tipo de cosas son simples casualidades, que no hay razón para creer que Dios —el Dios creador que controla todo el universo— podría molestarse siquiera en escuchar ni mucho menos responder una oración tan irrelevante como la que hice esa mañana. Pero lo cierto es que para mí fue evidente que Dios decidió contestar mi oración ese día para demostrarme que a él le importa cada detalle de mi vida, aun si no es lo más trascendente que sucede en ella o a mi alrededor.

En ocasiones, podemos vivir con la idea de acercarnos a Dios solo cuando hay grandes necesidades o tragedias en nuestra vida, o cuando hay demasiado en juego y necesitamos una intervención milagrosa. Sin embargo, el Dios que está involucrado en las cosas más grandes —toda la creación, nuestra salvación o poderosos milagros– también lo está en las cosas más pequeñas. Tal como se nos recuerda en Hechos 17:28, *«en él vivimos, nos movemos y existimos»*, así que toda nuestra vida, cada actividad cotidiana aparentemente irrelevante, sucede gracias a Dios y por medio de él. ¡Aquel que dio a su Hijo unigénito por ti, que ya hizo el milagro más grande, está también interesado en los pequeños milagros que reflejan su luz en tu vida!

El Dios que te entretejió en el vientre de tu madre, que ha seguido cada momento de tu existencia y que te amó tanto como para dar a su Hijo por ti, escogiéndote y llamándote a su vida eterna, es un Dios interesado en los pequeños detalles de tu vida. Nada de ti se le escapa: ni tus pensamientos, anhelos y luchas, ni tus circunstancias externas y fuera de tu control. Dios lo conoce todo de ti y todo le importa, ¡tiene contados los cabellos de tu cabeza! Esto puede sonar exagerado, pero es la verdad: a ese nivel de detalle tu Padre está involucrado en tu vida.

Debemos confiar y crecer en una relación íntima con un Dios cercano, activo y poderoso en lo que se relaciona con cada aspecto de nuestra existencia. Para Dios, no hay tal cosa como una oración «demasiado tonta». Es un regalo y un privilegio tener una relación con el Padre que nos permite correr a él con la más grande urgencia y con el más pequeño de los detalles. Ese es uno de los regalos más inmensos que nos dio Cristo por medio de su sacrificio: que podamos tener libre acceso al Padre y acercarnos confiadamente a su trono todo el tiempo (Hebreos 4:16).

Dios también es fiel en lo que respecta a escuchar y responder a nuestras oraciones «tontas».

TE INVITO A ORAR CONMIGO:

Padre celestial, te doy muchas gracias porque me has declarado que me amas y que te importa todo lo que soy, a pesar de mis imperfecciones y falencias. Gracias porque eres un Dios a quien no solo acudo en las grandes tormentas o necesidades de la vida, sino también un Padre y Amigo que camina conmigo en los momentos más cotidianos. Recuérdame que puedo correr a ti con todas mis necesidades e inquietudes, porque eres un Dios cercano y fiel. Amén.

LECTURAS RECOMENDADAS:

Mateo 10:29-31; Lucas 12:6-7; Hechos 17:28; Hebreos 4:16.

Día 12

Fiel para darte fuerzas

Aun si voy por valles tenebrosos,
no temeré ningún mal porque tú estás a mi lado; tu vara y tu bastón me reconfortan.

SALMOS 23:4

SI POR CASUALIDAD HAS PASADO algún tiempo viendo mi contenido en las redes sociales, sabrás que mi heroína en la fe es la misionera, autora y maestra de la Palabra, Elisabeth Elliot. Desde que conocí su historia en el año 2008, fui impactada por la obra de Dios al darle una fortaleza sobrenatural a esta mujer, quien pasó por tragedias, traumas, dificultades personales y retos ministeriales a lo largo de toda su vida, usando todo ello como combustible para seguir cumpliendo la misión de predicar a Jesús y enseñarles a otros a obedecerlo. Y en todas sus experiencias, demostró una voluntad inquebrantable, avivada por una vida de profunda oración y obediencia.

Nacida en 1926, Elisabeth Elliot fue estudiante y misionera por varios años antes de casarse con Jim Elliot, su primer esposo, en la Amazonía ecuatoriana, donde ambos servían como lingüistas y traductores para alcanzar a distintos grupos indígenas de la región. En uno de sus viajes misioneros, y cuando la hija de ambos tenía solo dieciocho meses, Jim perdió la vida a manos de miembros de una tribu que intentaban alcanzar. Viuda, y contra todo pronóstico, Elisabeth decidió permanecer en Ecuador y finalmente terminó evangelizando a la misma tribu que asesinó a su esposo. Luego de algunos años más en la jungla, Elliot regresó a los Estados Unidos, donde trabajó incansablemente como autora de libros y maestra de la Biblia. Ella contrajo nupcias con su segundo esposo solo para verlo fallecer de cáncer unos pocos años más tarde. Continuó durante más tiempo su labor evangelística y de enseñanza y conoció a su tercer esposo, con quien permaneció hasta el final de su vida, cuando tuvo que apartarse del ojo público luego de ser diagnosticada con un tipo de demencia. Ella llegó a los brazos del Padre en el año 2015.

Elisabeth Elliot estuvo innumerables veces en contacto con la tragedia humana, con la muerte (física y espiritual), así como con múltiples injusticias y situaciones inexplicables para ella, experimentando el agotamiento de perseverar en una carrera que el mundo desecha. Aun así, demostró una fortaleza fuera de este mundo al perseverar en su asignación divina. No obstante, esa fortaleza no era suya. Provenía de un Dios fiel que, soberano sobre sus dificultades, le proveía la fuerza para enfrentar cada prueba y salir de ella victoriosa y enfocada en el llamado. El siguiente versículo me hace pensar en su vida:

> *Ustedes no han sufrido ninguna tentación que no sea común al género humano. Pero Dios es fiel y no permitirá que ustedes sean tentados*

más allá de lo que puedan aguantar. Más bien,
cuando llegue la tentación, él les dará también
una salida a fin de que puedan resistir.

1 Corintios 10:13

Sin embargo, Elliot no fue perfecta y estuvo muy lejos de serlo. Recuerdo que cuando era más joven, idealicé su ejemplo, su enseñanza y sus decisiones debido al gran impacto que su testimonio de vida tenía y tiene en mi fe. Pero al estudiar más sobre su vida personal y sus luchas (hay dos excelentes tomos biográficos sobre ella, *Los orígenes de Elisabeth Elliot* y *Being Elisabeth Elliot* [Siendo Elisabeth Elliot], escritos por Ellen Vaughn), pude conocer más de una mujer con fallas, dudas, algunas creencias predominantemente culturales y de su época que asumía como bíblicas, así como otros detalles que tan solo nos revelan que ella era tan humana como tú y como yo. Esto me hizo apreciar aún más su maravillosa historia, porque me permitió enfocarme en nuestro Creador común y no en un modelo de mujer perfecta, algo que estoy segura Elisabeth jamás hubiese pretendido ser.

Solo un Dios poderoso como el nuestro puede darnos fuerzas ante las pruebas más desafiantes. Muchas veces dejamos que las circunstancias de la vida nos detengan en el llamado que se nos ha hecho. En ocasiones, no nos despojamos del peso de nuestro pecado y eso nos impide continuar la carrera. Nos comparamos con figuras como Elliot y nos sentimos minúsculos espiritualmente. Como no somos «grandes» misioneros, predicadores, maestros o evangelistas, y más bien tenemos una vida ordinaria, entonces pensamos que seguro no podremos con esta prueba.

Sin embargo, allí radica la fidelidad de Dios: en fortalecernos; y lo hace porque él es quien es, no porque seamos fuertes por nuestros propios medios. El hecho de que seamos débiles es la razón por la cual necesitamos de un Dios que nos dé fuerzas sobrenaturales. El mismo Dios que fue fiel para proveerle ese nivel de fortaleza y entereza a una mujer con fallas y dudas, convirtiéndola en ***la*** Elisabeth Elliot cuyo testimonio ha inspirado a miles de creyentes, sin duda será fiel en fortalecernos a ti y a mí para que podamos darle gloria.

En la más profunda de las pruebas, de esas que te dejan sin fuerzas, puedes descansar en aquel que es tu fuerza y que la infunde en ti. Cristo es fiel para darte fuerzas, aun cuando crees que se han agotado, porque gracias a Dios, la fuente es él y no nosotros mismos.

> *«¿Dónde reside tu seguridad? ¿Es Dios tu refugio,*
> *tu escondite, tu fortaleza, tu pastor, tu consejero, tu*
> *amigo, tu redentor, tu salvador, tu guía?*
> *Si es Él, no necesitas buscar más seguridad».*[4]
>
> —Elisabeth Elliot

TE INVITO A ORAR CONMIGO:

Dios poderoso y soberano, te doy gracias por los testimonios de mujeres como Elisabeth Elliot y tantos otros siervos y mártires de la fe que nos inspiran en el camino y

4. Elisabeth Elliot, Discipline: The Glad Surrender (Grand Rapids, MI: Revell, 1982), p. 192.

nos recuerdan que tú eres lo más importante. Te pido con todo mi corazón que me permitas anclarme en el hecho de que tú y solo tú eres mi Roca fuerte, mi refugio y mi seguridad. Aunque ande en valle de sombra de muerte, aunque mis fuerzas flaqueen y lo inimaginable ocurra, tú eres capaz de fortalecer mi alma para continuar caminando en la esperanza a la que me has llamado. Amén.

LECTURAS RECOMENDADAS:

Salmos 18; Salmos 23; 1 Corintios 10:13;
2 Corintios 12:10.

Día 13

Fiel en tus entretiempos

Estoy convencido de esto: el que comenzó tan buena obra en ustedes la irá perfeccionando hasta el día de Cristo Jesús.

FILIPENSES 1:6

LA MAYOR PARTE DE NUESTRA VIDA transcurre en *entretiempos.* Me refiero a esos períodos intermedios donde no hay momentos superincreíbles, ni tampoco valles o desiertos profundos. Todo lo que ocurre entre los grandes sucesos que nos marcan, animan o retan son momentos en los que la vida simplemente transcurre con sus rutinas y cotidianidad.

Para algunas personas, es difícil concebir el camino con Dios en estos intermedios, porque a veces nos acostumbramos a las emociones intensas que traen los momentos muy «altos» o aquellos demasiado «bajos» de la vida, considerándolas como nuestras conexiones al obrar de Dios. Personalmente, ese es mi caso. Sé aferrarme a Dios en los momentos de alegría y celebración o de promesas cumplidas, y también he aprendido a correr hacia él en mis valles más bajos y oscuros, pero me cuesta verlo caminando conmigo en los momentos intermedios. Algunos dirían (como mi esposo, ¡ja!) que veo fácilmente la mano de Dios en los momentos dramáticos, pero aún me es difícil reconocer su presencia y su obra en la cotidianidad; en esos momentos que al parecer no marcan ningún hito en nuestra existencia, ni evocan emociones desbordadas.

Lo curioso de esto es que si midiéramos y clasificáramos nuestras distintas vivencias, la mayor parte de ellas no se ubicarían ni en los momentos más memorables ni en los más bajos y tristes, sino que se encontrarían en ese entretiempo. En esa espera por la promesa, el silencio después de la petición, o simplemente en los días sin sobresaltos, colmados de rutinas, responsabilidades y normalidad. Y en medio de todo eso, Dios permanece igual de presente y activo.

Esto fue cierto para muchas personas a las que Dios usó, cuyas historias están retratadas en la Biblia: Moisés pasó cuarenta años como pastor en Madián, al igual que el pueblo de Israel, que vagó durante cuarenta años en el desierto antes de llegar a la Tierra Prometida. La reina Ester vivió diversos momentos intermedios entre los grandes eventos donde fue usada por Dios. David también tuvo entretiempos, comenzando por el período transcurrido entre la unción que recibió y su llegada al trono. Los discípulos experimentaron el entretiempo entre la crucifixión y la resurrección. Y Jesús mismo comenzó su ministerio formal a los treinta años de edad, lo cual nos deja saber que tuvo una buena cantidad de años en los que, aparentemente, no sucedía nada.

Sin embargo, aun así, sería inadecuado decir que Dios no permaneció fiel y obrando durante todos esos momentos de espera, preguntas e incertidumbre, al igual que en las grandes batallas o victorias que les permitió tener. Sería desafortunado creer que esos tiempos no tuvieron un propósito y un porqué.

No obstante, en el mundo de hoy, tan estimulado visual y emocionalmente, a veces nos volvemos adictos a los *highlights*, a los momentos destacados de nuestra vida y la de otros. Después de todo, cuánta satisfacción trae recibir *likes* y halagos por publicar una foto de un evento memorable, ¿no? De algún modo, la cultura nos está entrenando para vivir anclados en la esperanza del próximo gran suceso de nuestra vida: comprar esa casa, lograr ese negocio, conseguir ese esposo, tener un ministerio superpopular o que nuestro *reel* se vuelva viral, haciéndonos creer de algún modo que la fidelidad de Dios está solo en esos momentos buenos y llamativos.

No es casualidad que esté siendo difícil para muchos de nosotros *«procurar vivir tranquilos»*, como nos aconseja Pablo en 1 Tesalonicenses 4:11. Algunos hemos comprado la mentira de que el evangelio nos llama a correr tras el próximo momento «alto» de nuestra vida, cuando en realidad nos llama a permanecer fieles en todo momento, en especial en esos largos entretiempos de la existencia.

También sabemos que en los momentos difíciles no nos quedan muchas opciones sino correr a Dios; la mayoría de nosotros tenemos la convicción de que él está presente en esas experiencias dolorosas, y lo vemos moverse y obrar en medio de ellas. Por lo tanto, suele ser más fácil acercarnos a Cristo, ya que nuestro corazón es más sensible a su voz por la vulnerabilidad que el dolor ha expuesto. Aunque sea debido a situaciones que no hubiéramos deseado o valles que no habríamos escogido, podemos experimentar la presencia y la fidelidad de Dios.

Pero resulta que justamente esos intermedios, que parecen tan neutrales en nuestra vida, son el terreno fértil para nuestro crecimiento espiritual. Allí, en lo aparentemente irrelevante y cotidiano, Dios trabaja en nuestra madurez, en nuestro carácter, fortaleciendo nuestra fe en él cuando quizá no lo vemos o entendemos, sin depender de las emociones intensas que experimentamos en el clímax del sufrimiento o en la cima de la bendición. Nuestra voluntad de permanencia en Cristo se revela significativamente en esos momentos neutrales.

Nunca pienses que tu espera o los días «menos relevantes» son una pérdida de tiempo. En manos de Dios, nada lo es. Él permanece fiel en la cotidianidad, en la tranquilidad e incluso en los silencios de la vida. Los ojos del Señor están siempre sobre nosotros, desde el principio hasta el fin de nuestra historia, y su Espíritu nos garantiza que la obra que fue comenzada en nosotros está siendo constantemente perfeccionada hasta el día de Cristo (ver Filipenses 1:6).

El Señor permanece fiel en tus entretiempos, y en sus manos ningún día que transcurre es en vano.

TE INVITO A ORAR CONMIGO:

Mi fiel Señor, te agradezco porque estás presente siempre; no solo en los grandes momentos o en las pruebas más difíciles, sino en los entretiempos de mi vida. Te pido que me enseñes a no tener que depender de las emociones intensas para verte y acercarme a ti, sino que pueda permanecer fiel y cerca, así como tú lo haces, en todas las temporadas, aun en aquellas que parecen tranquilas y silenciosas. Ayúdame a ver cómo estás obrando en mi espera y este tiempo intermedio. Amén.

LECTURAS RECOMENDADAS:
Deuteronomio 11:11–12; Filipenses 1:6;
1 Tesalonicenses 4:11.

Día 14

Fiel para protegerte

Solo él puede librarte de las trampas
del cazador y de mortíferas plagas,
pues te cubrirá con sus plumas y
bajo sus alas hallarás refugio.

SALMOS 91:3-4a

EN EL AÑO 2008, me mudé a una peligrosa zona fronteriza al sur de Venezuela. En el día 11 de estas reflexiones conté un poco más sobre las razones que me llevaron a vivir en ese lugar por un año, que eran principalmente motivos profesionales. A los veintitrés años, en general todos somos algo arriesgados, y aunque «aventura» jamás ha sido mi segundo nombre, en esa época me atreví a hacer muchas cosas riesgosas por la pasión y la convicción que sentía con respecto a mi carrera como abogada de derechos humanos, siendo la mudanza a este lugar una de ellas.

Aunque todo el año que permanecí viviendo en esa región estuve expuesta a diversos peligros constantes, recuerdo un día en particular en que la protección de Dios sobre mi vida fue más que evidente. Se trataba de una de mis primeras «misiones» (así llaman en el mundo humanitario a los viajes fuera de la estación designada que tienen el propósito de prestar algún servicio o proveer ayuda a otras comunidades) y estaba muy emocionada. Me sentía dentro de una verdadera película de aventuras, y a la vez solo podía pensar en que lo que estaba haciendo ayudaría a personas que realmente lo necesitaban.

Vale la pena mencionar que en esa época la zona donde nos encontrábamos era el teatro de operaciones de diversos grupos armados colombianos y venezolanos al margen de la ley (guerrillas y grupos paramilitares). La comunidad a la que debíamos llegar estaba en un lugar bastante remoto, por lo que tuvimos que tomar una curiara (una especie de canoa o bote pequeño de madera) hasta el final del río, más o menos a una hora de camino. Aunque la organización nos pedía que nos identificáramos siempre con nuestros chalecos institucionales, hoy que tengo mucha más experiencia en el tema sé que nuestro protocolo de seguridad era muy deficiente. Llevábamos media hora navegando por el río, en medio de la nada, cuando mi compañero de trabajo, nativo de la zona y conductor de la embarcación, me pidió que dejáramos de hablar, porque escuchaba un ruido a lo lejos. A los pocos minutos, una embarcación mucho más potente y amplia que la nuestra nos interceptó, en la cual viajaba un grupo de tres hombres vestidos con traje camuflado y un pañuelo amarillo amarrado alrededor de sus brazos. Los tres portaban armas largas.

Sentí la tensión inmediatamente y mi corazón se aceleró a mil. Esta ya no era una parte divertida de mi aventura. Recuerdo que nos hablaron muy fuerte, preguntándonos quiénes éramos y qué hacíamos ahí. Cuando mi compañero respondió por ambos, uno de los hombres me apuntó con su fusil y me pidió que dijera mi nombre, mi oficio y hacia dónde nos dirigíamos. No sé cómo, pero todavía con la voz quebradiza pude responderle: «Me llamo Clara Bastidas y soy abogada. Vamos a entregar insumos a la comunidad». El que me había hecho la pregunta pareció ignorarme y pasó a apuntar a mi compañero, diciendo a gritos que la zona les pertenecía y que debimos haber sabido que no estaba permitido pasar. Pensé que ese sería el final de mi vida, y naturalmente solo podía clamar a Dios en mi mente: «Señor, no permitas que mi vida termine aquí. No permitas que nos hagan daño. Protégenos bajo la sombra de tus alas».

Los tres hombres se dijeron algo entre ellos y le hicieron señas a mi compañero para que diera un giro de retorno. Recuerdo que, aun cuando giramos, seguí temiendo que decidieran dispararnos por la espalda, pero tuve todavía más miedo de mirar atrás.

No sé qué puedas estar pensando en este momento, pero no tengo una sola duda de que Dios salvó nuestras vidas ese día. Nada iba a detener a estas personas de dispararnos por infringir su ley; ya lo habían hecho en innumerables ocasiones, puesto que era una práctica muy común de ese grupo armado. Muchos años después tuve la oportunidad de trabajar en Colombia y hablar con una persona que había sido parte del mismo grupo y más tarde había llegado a los pies de Cristo. Al contarle acerca de esa experiencia, me dijo: «¡No me puedo explicar por qué no les hicieron nada si matarlos era el protocolo en esos casos!».

La realidad de la poderosa protección de Dios sobre nuestras vidas nos debe traer descanso. Una verdad que nos reconforta ante todos los peligros en este mundo es el hecho de que *«en sus manos está la vida de todo ser vivo y el aliento que anima a todo ser humano»* (Job 12:10). Saber que es Dios –nada ni nadie más– quien decide si vivimos o morimos, tiene que darnos tranquilidad ante el temor por el peligro. En medio de circunstancias peligrosas, riesgos incontrolables o situaciones inesperadas, podemos elevar una oración rogando por su protección, y nuestro Señor es fiel para escucharnos y actuar con poder.

Su Palabra es verdadera cuando nos dice que Dios *«ordenará que sus ángeles te protejan en todos tus caminos»* (Salmos 91:11) porque conoces su nombre.

El Altísimo es fiel para proteger tu vida. Por eso, temer continuamente a los terrores de este mundo, las enfermedades, calamidades o tragedias que nos acechan se vuelve una meditación inútil cuando sabemos que su mano poderosa es la que nos guarda. Por supuesto, ello no nos exime de llegar a ser víctimas de situaciones peligrosas, pero podemos saber que nuestra integridad y nuestra vida serán preservadas hasta el día que nuestro Dios, amoroso y soberano, nos llame por nombre a su presencia. Nada en este mundo tiene poder para decidir sobre la vida y la muerte, solo nuestro amoroso Padre.

TE INVITO A ORAR CONMIGO:

Amado Padre todopoderoso, te doy gracias porque las palabras de Salmos 91 son verdad. Tú me has cubierto bajo la sombra de tus alas para que no me alcance el mal en muchas ocasiones de las que soy consciente y muchas otras de las que no. Gracias por tu protección sobre mi vida. Te pido que me permitas transitar esta vida consciente de tu protección en todo momento, así como de tu fidelidad para escuchar mi oración y protegerme. Gracias porque cada día de mi vida ya está escrito en tu libro, por lo que descanso en tu perfecta voluntad para mí. Amén.

LECTURAS RECOMENDADAS:
Salmos 91; Job 12:10.

Día 15

Fiel cuando sueltas[5]

Toda la gloria sea para Dios, quien puede lograr mucho más de lo que pudiéramos pedir o incluso imaginar mediante su gran poder, que actúa en nosotros.

Efesios 3:20 (NTV)

Jamás en mi vida he sido buena para soltar, sino que suelo aferrarme a mis metas, sueños, hábitos y relaciones. Se requiere mucha claridad en las circunstancias y que Dios me hable de manera determinante para que yo entienda que debo soltar algo. Esto, por supuesto, me ha causado varias lágrimas y sufrimiento a lo largo de la vida.

Es posible que el relato de hoy no parezca la gran cosa, pero recuerdo que para mí fue una vivencia intensa y difícil en su momento. Por muchos años soñé con hacer estudios de posgrado en una universidad en el extranjero. Cuando se acercó el momento de definir a dónde quería ir y cómo iba a lograrlo, me enfoqué en una universidad de Estados Unidos que ofrecía todo lo que yo soñaba: un programa especializado en mi área de interés, principios alineados a mis convicciones personales, un enorme

5. Esta reflexión está conectada con la reflexión del día 19, *«Fiel para darte tus anhelos más profundos»*.

prestigio a nivel mundial y una vida en la ciudad de mis sueños. Recuerdo el día en que recibí mi paquete de admisión al programa de maestría en leyes de esa universidad como uno de los más felices de mi vida. Parecía que todos mis sueños iban a hacerse realidad, y Dios los estaba haciendo posible.

Sin embargo, tuve un rápido encuentro con la realidad —la del mundo y la de mis propias circunstancias— al comprobar que, debido a mis limitaciones financieras, no podía confirmar mi inscripción a la maestría ese año. En los siguientes meses, sucedieron muchas cosas que me hicieron pensar que quizá Dios sí estaba obrando para que pudiera cumplir ese sueño (entre otras, nominaciones a becas y préstamos), pero todas las posibilidades terminaron en decepciones. Así, sin la posibilidad de inscribirme y ni siquiera de guardar el cupo para el próximo año (lo cual implicaba pagar varios cientos de dólares con los que tampoco contaba), tuve que tomar una decisión que me dolió profundamente: *soltar*. Tuve que dejar ir ese tan anhelado cupo para que alguien más que sí pudiera costearlo fuese incluido en el programa de mis sueños. Todavía recuerdo el momento en el que envié ese correo electrónico renunciando a la inscripción con los ojos llenos de lágrimas.

Mi único refugio era la convicción de que Dios estaba observando todo y él era mi Padre, quien estaba atento a mis necesidades y anhelos. Renuncié a mi sueño sin poder asirme de nada más, solo de la fe en que Dios me veía y sabía lo difícil que era soltar las cosas. En el día 19 de estas meditaciones relato el milagro que sucedió después de eso y cómo Dios me guio a estudiar en el lugar y el país que él quiso. Sin embargo, quisiera atraer tu atención al hecho de que soltar lo que debemos es uno de los actos más reveladores del estado de nuestra fe y nuestro grado de madurez en el Señor. Y aunque dolió muchísimo, ese día pude dejar ir mi sueño, sabiendo que mi Dios veía mis lágrimas y algún día sería consolada de algún modo u otro.

¿Quieres saber algo curioso? Aunque Dios me dirigió a otro país, otra universidad y por otro camino, unos seis años más tarde tuve la oportunidad —también milagrosa— de mudarme con el fin de trabajar en la ciudad donde se encontraba aquella universidad que una vez anhelé. En su tiempo y a su forma, el Señor me permitió cumplir el anhelo de vivir donde había deseado, incluso devengando un sueldo y sin la necesidad de endeudarme. Puede que suene demasiado bueno para ser verdad, pero incluso, como parte del trabajo que se me encargó, terminé impartiendo una clase en esa misma universidad que una vez me había parecido un imposible. Y todo sucedió en el tiempo y a la manera de Dios.

Aunque este ejemplo pertenece a una situación terrenal y la Palabra de Dios nos llama a enfocarnos en lo trascendente, me resulta imposible no pensar en el versículo de Efesios 3:20 (NTV), que dice: *«Toda la gloria sea para Dios, quien puede lograr mucho más de lo que pudiéramos pedir o incluso imaginar mediante su gran poder, que actúa en nosotros»*. ¡Qué fácil es olvidar lo poderoso y lo fiel que es Dios cuando las cosas no salen como planeamos! En especial, a veces con demasiada facilidad desenfocamos la mirada de lo importante y lo trascendente —su reino— sin recordar que Dios siempre está trabajando para hacerlo avanzar y tenemos el privilegio de que nos incluya en esos planes. Él hace muchísimo más de lo que imaginamos o pedimos porque sus pensamientos son más altos que los nuestros, y porque su amor por nosotros es mucho más perfecto.

El mensaje que quisiera dejarte hoy no es necesariamente que todos tus sueños se harán realidad tarde o temprano. La verdad es que a veces sí sucederá así y muchas otras no. Dios es quien sabe lo que es mejor. Pero sí quiero afirmarte en el hecho de que soltar las cosas es una decisión que puedes tomar con la confianza plena de que tu vida está bajo el control de un Salvador que te ama profundamente. Cuando sueltas, no estás enviando ese sueño, situación o persona al vacío de este mundo cruel e injusto. En Cristo, al soltar, lo haces en las manos amorosas y soberanas de quien te creó y controla cada situación del mundo. Sueltas confiando en el control de Aquel que conoce los porqués y tiene un plan perfecto para su gloria y tu bien.

Dios es absolutamente fiel para que puedas soltar en él lo que intentas retener. No te defraudará.

TE INVITO A ORAR CONMIGO:

Jesús, anhelo poder encontrar la fortaleza que necesito para soltar esto que me cuesta dejar ir en tus amorosas manos. Ayúdame a ver por encima de esta situación, a abrir mis ojos a tus propósitos eternos en el gran marco de mi vida, y a ser capaz de confiarte los detalles que me inquietan. Con tu perfecto amor, echa fuera de mí todo temor a perder eso que quiero retener, recordando que ya todo lo tengo en ti. Tú sabes qué es lo mejor para mí. Amén.

LECTURAS RECOMENDADAS:

Mateo 16:25-26; Efesios 3:20; 1 Juan 4:18.

Día 16

Fiel en los días cuando hay que llorar

Acuérdate de mi aflicción y de mi abatimiento, del ajenjo y de la hiel; lo tendré aún en memoria, porque mi alma está abatida dentro de mí.

LAMENTACIONES 3:19-20 (RVR-1960)

RECUERDO ESOS DÍAS, o al menos el sentimiento que imperaba en ellos, como si hubiesen sucedido ayer. Quizá los momentos más felices y los más duros son los que dejan una impresión duradera en nuestro corazón, y en este caso se trataba de lo segundo. Me encontraba en una situación inesperada, en la que había perdido todas y cada una de las cosas que hasta hacía muy poco valoraba más. Sentía que Dios me había arrancado, uno a uno y al mismo tiempo, los ídolos que había tenido durante años: el sueño de estudiar en el extranjero, la estabilidad, una relación amorosa, las oportunidades profesionales y hasta la salud de mis padres. Todas estas cosas se habían esfumado de mi vida en ese momento, una a una, en menos de un mes.

Así, me encontré frente al vacío en el que se encuentra toda persona a quien sus ídolos le son arrancados; un lugar que es frío, desesperante e incierto. Ese tiempo de mi vida me hizo identificarme con la descripción del libro de Lamentaciones, pues pareciera que nos cubre una espesa nube que nos hace imposible sentir a Dios (Lamentaciones 2:1) y obtener su consuelo en medio del dolor. Si te has encontrado en una situación similar, sabes que estar en un lugar así duele mucho, y la mayor parte del tiempo no sabemos qué hacer con emociones tan abrumadoras.

Aunque somos conscientes de que muchas situaciones que nos generan dolor surgen porque vivimos en un mundo imperfecto y caído, también reconocemos que a veces son nuestros pecados y rebeldía los que nos dejan en una situación desoladora como la que describí. Eso es justamente lo que me pasaba a mí y fue también lo que le ocurrió al pueblo de Israel cuando Dios decidió despojarlo de sus ídolos, lo cual hace que Jeremías pronuncie sus lamentaciones. Al igual que Israel, yo sentía esa misma «nube» que bloqueaba cualquier esperanza y consuelo de parte de Dios en medio de mi dolor.

Mi lamento en esa época no fue breve. Implicó un largo proceso de dejar ir, renunciar a cualquier tipo de idolatría y llorar muchas cosas a las que me aferraba por error. Y allí llegó el aprendizaje de confiar —realmente confiar— en el carácter perfecto de Dios. El lamento bíblico me permitió sentir un dolor profundo para descubrir también la profundidad del amor de Dios por mí. Mientras más punzante era ese dolor, más cercana y real hizo la presencia de mi Padre celestial. Nada se compara al tesoro de tenerlo, y con ello somos renovados continuamente al recibir misericordias que son nuevas cada mañana.

Lo que solemos ignorar durante experiencias y temporadas como esta es que Dios está fielmente presente en nuestros lugares más oscuros, en esos valles tan profundos difíciles de transitar. No obstante, por paradójico que suene, es su misma misericordia la que nos lleva a esos lugares. Es encontrándonos cara a cara con nuestro pecado, con nuestra debilidad y con la crudeza de una vida sin Dios que tiene lugar el lamento tan necesario. Este es un lamento que nos rompe el corazón y nos lleva a despojarnos de todo aquello fuera de Dios en lo que quizá pusimos nuestra seguridad, nuestro descanso y nuestra fe.

Y aunque esa nube espesa nos impida sentir la obra de Dios en nosotros, podemos estar seguros de que es su fidelidad la que nos ha llevado a una lamentación que terminará en esperanza. Dios nos lleva a ese lugar para empezar de nuevo, y esta vez hacerlo bien.

Nuestros corazones necesitan lamentarse. Es en ese tiempo de lamento que somos capaces de ver nuestra fragilidad y el gran vacío que nos deja todo aquello a lo que nos aferramos con la excepción de Dios. Cuando el corazón se lamenta, el Señor está cerca. Quizá no lo sientas así, pero es verdad. Llevarnos a ese lugar es una muestra de su amor y sus planes para nosotros, porque tenemos un Dios fiel en todo momento, que ha prometido completar en nosotros lo que empezó (Filipenses 1:6).

No debemos temer a los momentos difíciles, pues el Señor está con nosotros en cada uno de ellos, cumpliendo sus perfectos propósitos y sosteniéndonos en sus brazos.

Podemos aceptar las temporadas de prueba, aflicción y lamento porque comprendemos que son usadas para glorificar a Dios y continuar transformándonos a su imagen. Spurgeon dijo:

> *«Esta parece ser la parte más difícil de nuestra suerte, que Dios nos conduzca a tinieblas: "Él me condujo y me hizo caminar en tinieblas". Sin embargo, queridos hermanos, eso es, en cambio, lo más dulce de nuestra prueba; porque, si la oscuridad está en el lugar a donde Dios nos ha llevado, es mejor que estemos en la oscuridad».*[6]

Si hoy pasas por una temporada de sufrimiento y llanto, no la rechaces. Entrégasela al Dios que todavía te sostiene, aunque tu corazón duela. Él sostiene tu mano y comprende tu dolor, aunque también conoce el fuego por el que necesitas pasar para ser renovado. Tu Padre es fiel en la lamentación, acompañándote y ofreciéndote una gran esperanza segura.

Puedes correr a sus brazos en esta temporada de lamento; él es fiel para recibirte.

TE INVITO A ORAR CONMIGO:

Querido Padre, circunstancias como las que vivo hoy me han hecho sufrir y me lamento profundamente. A veces, pareciera que el dolor que siento significa que no estás

6. Spurgeon, Charles. Comentario sobre Lamentaciones 3:1-2, https://es.enduringword.com/comentario-biblico/lamentaciones-3/.

conmigo, pero tu Palabra me recuerda que eso no es cierto. Te pido que sanes mi dolor, pero por encima de ello, te ruego que cumplas tus propósitos, aun en lo difícil de la prueba. Necesito tu ayuda para que los retos que enfrento no me alejen de ti, sino que me acerquen más a tu consoladora presencia. Amén.

LECTURAS RECOMENDADAS:
Lamentaciones 1–3; Salmos 138:8; Filipenses 1:6.

Fiel para mostrarte bondad

Día 17

Pero de una cosa estoy seguro:
he de ver la bondad del SEÑOR *en*
esta tierra de los vivientes.

SALMOS 27:13

EN MUCHOS MOMENTOS DE MI VIDA, Dios me ha enseñado mucho acerca de cómo el sufrimiento y el sacrificio terminan siendo tesoros que nos pasan por fuego y nos hacen más como él, y que no debemos temerle al dolor, porque es un gran instrumento en sus manos. Y así lo ha sido en mi vida. Pero, como a veces tiendo a refugiarme en los extremos, lo que ha sucedido es que a veces me encuentro a mí misma meditando demasiado en lo negativo que sucede en el mundo y en mi propia vida. Aunque esto es un problema relacionado con mi necesidad de seguir conociendo más el carácter de Dios, ha sido fácil enfocarme en el aspecto de Dios que me pide sacrificio, obediencia y soportar el sufrimiento en su nombre.

El problema es que a veces olvido que eso no es lo único que Dios quiere de mí. Dios también quiere hacerme bien, no solo en un futuro eterno, sino en mi día a día. Porque es mi Padre y porque es bueno.

Demasiadas veces me he descubierto teniendo expectativas negativas de Dios, que no se corresponden a lo que él ha revelado en su Palabra, sino a mi propia decepción con una realidad imperfecta y mi encuentro con la crudeza de la vida. Esto a veces me ha llevado a temer cuando las cosas van «demasiado bien», desarrollando un estado innecesario de ansiedad que busca prepararme para el golpe de realidad negativo.

En la magnífica obra *Mientras no tengamos rostro*, donde C. S. Lewis reescribe el mito de Psique y Eros, este tipo de creencias falsas es representado en el argumento de Orual:

> *«No obstante, entonces ignoraba —y ahora sí la conozco— la razón más poderosa para desconfiar. Los dioses nunca nos invitan tan fácilmente y con tanta intensidad a disfrutar como cuando están preparándonos algún nuevo sufrimiento. Somos burbujas: nos inflan antes de pincharnos».*[7]

Orual no tenía ninguna referencia de un Dios diferente. Un dios que te engaña, que espera a que estés distraído y te «infla» con las alegrías de la vida para luego arrojarte al peor sufrimiento, no es el Dios verdadero. Si nos hemos vuelto personas que sospechan que hay una «agenda oculta de Dios» cuando las cosas van bien, necesitamos detenernos y pedirle a Dios que nos revele más de su carácter, tal y como está expresado en la Biblia. ¿Has estado pensando así acerca de Dios?

7. C. S. Lewis, *Mientras no tengamos rostro* (Nashville, TN: Grupo Nelson, 2023), p. 104.

Aunque la vida no será nunca perfecta y Dios nos ha dejado claro que en este mundo tendremos tribulación (y que aun en medio de ella, todo nos ayudará a bien), esperar un golpe de «maldad» de su parte es algo completamente ajeno a su carácter y a lo revelado en su Palabra. Sí, quizá podríamos esperar eso de los dioses falsos del pecado, quienes nos ofrecen cosas que parecen buenas para luego solo producir muerte y desolación. Pero ese no es nuestro Dios. Si estamos pensando de esta forma con respecto a él, tenemos que detenernos y dejarlo transformar nuestra mente conforme a su verdad y no a nuestra percepción.

Nuestro Señor es fiel para mostrarnos bondad y llenarnos de bendiciones. Desde el sol que sale cada mañana, hasta la comida que has podido consumir hoy y los sueños de tu corazón, son cosas con las que tu Padre se deleita en hacerte bien todos los días (Salmos 35:27). Y sí, él tiene planes buenos para tu vida terrenal, no solamente para la eterna. Dios sigue siendo el mismo Dios que te llamó, te rescató y te dio nueva vida. El mismo Dios que hace milagros alrededor del mundo y que nos da belleza, alegría, provisión y esperanza de muchas maneras. Él es un Padre perfecto que quiere cosas buenas para ti (Mateo 7:11).

Aun en medio de las dificultades o el sufrimiento, la afirmación del salmista cuando declara estar seguro de que verá la bondad del Señor en esta tierra de los vivientes (Salmos 27:3) es un bálsamo de esperanza para mirar la vida y el futuro con ánimo. Dios es completamente fiel para hacerte conocer su bondad y manifestarla de muchas formas en tu vida. Es fácil desmayar cuando no tenemos esperanza, pero la convicción de que Dios muestra su bondad por amor y para su gloria es capaz de sostenernos al enfrentar la vida.

Dios es fiel para mostrarte su inmensa bondad en esta tierra. Que ninguna experiencia de este mundo caído te haga dudar de esto.

TE INVITO A ORAR CONMIGO:

Padre bueno, te ruego que me ayudes a discernir cuáles son las convicciones que resultan de mi experiencia en esta tierra, de las enseñanzas defectuosas, y cuáles son las que vienen de ti. Ayúdame a conocerte más y así poder descansar en tu amor inigualable, que me hace bien de muchas formas. Quiero confiar en tus planes de bien para mi vida, de modo que pueda alabarte con gozo cuando todo vaya bien y tener esperanza cuando la vida sea difícil. Gracias por ser tan fiel para mostrarme tu bondad. Amén.

LECTURAS RECOMENDADAS:

Salmos 27; Salmos 35:27; Mateo 7:11; Romanos 12:2.

Fiel en la tentación

Día 18

*Es verdad que ustedes pensaron hacerme mal,
pero Dios transformó ese mal en bien
para lograr lo que hoy estamos viendo:
salvar la vida de mucha gente.*

GÉNESIS 50:20

CUANDO PIENSO EN TODOS LOS MENSAJES que hoy en día nos asedian en las escuelas, universidades, entornos laborales y redes sociales, comprendo por qué tantas personas luchan con su identidad, sus expectativas de la vida y la dificultad de abandonar ciertos hábitos o pecados. Vivimos en un mundo que constantemente nos llama a ponernos a nosotros mismos en el centro de todo, a pensar en cómo los demás deberían servirnos y tratarnos, y que además nos anima a la autoindulgencia y a minimizar la gravedad del pecado. Todo esto, pese a tratarse de mensajes populares y usualmente bien recibidos, es contrario al camino de la vida, de la verdadera Vida.

En muchos momentos de mi juventud, a pesar de conocer el evangelio, luché con mi sentido de identidad, mi lugar en este mundo y la tentación de satisfacer continuamente mis propios deseos y ser guiada por ellos.

En medio de un entorno que forzaba sus mensajes confusos y contradictorios en mi cabeza, hay una historia en la Biblia que siempre venía a mi mente para traer claridad y esperanza: la historia de José. Su vida y la evidente presencia de Dios obrando en ella siempre me hacían entender (y aún lo hacen) cómo una relación viva con Dios cambia todo e influye completamente en lo que somos y hacemos. La historia de José nos ayuda a entender que su mano sobre nuestra vida sí hace una total diferencia y nos llama a vivir fuera de cualquier molde de este mundo. Y en todo ese recorrido, el Señor camina con nosotros, guiándonos, fortaleciéndonos y protegiéndonos.

Sabemos que José fue un hombre excepcional, pero no era Dios. Al igual que nosotros, tuvo una naturaleza pecaminosa, luchas, dudas, vulnerabilidades y un corazón que se rompió por el odio que le mostraron aquellos de su propia sangre. Considerar esto siempre me ha llevado a plantearme: «¿Cuánto dolor, trauma y estigma cargó José, luego de ser arrancado de su hogar por sus propios hermanos, quienes lo vendieron como si fuese un objeto? ¿Cuán resquebrajada debe haber estado su identidad? ¿Cuánta soledad encaró? ¿Cuán angustiado debió sentirse al ser llevado preso injustamente? ¿Cuánta fortaleza requirió no caer en la tentación con la esposa de Potifar?». Y especialmente: «¿Qué hizo que José fuera diferente?».

Lo cierto es que, humanamente, José tenía muchas excusas para alejarse de Dios, de sus principios y enojarse con la vida. Pero en su historia se evidencia que esto no fue lo que sucedió.

José tomó la decisión de permanecer fiel al Señor, y la fidelidad de Dios para con José fue aún mayor. En el exilio, el maltrato, la injusticia, la tentación e incluso los puestos de poder, el Señor sostuvo la vida de este hombre para sus propósitos. Ante las más grandes tentaciones de resentirse con su familia, dudar de toda su identidad, perderse en las costumbres egipcias y adulterar con una mujer atractiva, José pudo decir que *no*. Y pudo hacerlo, porque a pesar de todas las experiencias desafortunadas, desgarradoras e injustas que vivió, él sabía a quién pertenecía y, por ende, cómo estaba llamado a vivir.

Su historia de integridad, superación y perdón fue posible por la fidelidad de Dios para guardarlo de la tentación a pecar y los engaños del enemigo sobre su vida. Lo que fue disparado como dardo de fuego para hacerle mal a José, Dios lo encaminó para bien (Génesis 50:20), así que siempre se trató de cómo Dios estuvo con él, sosteniéndolo en circunstancias adversas y apagando las mentiras en su mente, las cuales seguramente surgían en medio de las dificultades que vivió. Fue la fidelidad del Señor lo que lo sostuvo en lo difícil y lo llevó a cumplir el propósito que Dios había trazado.

Hoy quisiera animarte a enfocar tus ojos en el Dios de José. Es posible que, como yo, tengas cosas en común con él: una familia rota, tu identidad afectada o algunas circunstancias desfavorables. Pero el mismo Dios que fue fiel en esa historia es fiel en la tuya. Permanecer en Jesús y ser espirituales no significa que «nos resbalen» las tentaciones o dificultades, como si fuésemos robots sin sentimientos. Se trata más bien de que, a pesar de nuestras vivencias dolorosas y las tentaciones a pecar, podamos mirar a Dios y saber que en él siempre encontramos esperanza y una razón para perseverar en el bien. Dios ha sido fiel para darse a sí mismo por ti y garantizarte que valdrá la pena seguir el buen camino a fin de cumplir con sus propósitos.

Cada vez que el engaño intente convencerte de que tienes que ceder a la tentación, o de que el pecado te controla, recuerda que debido a la fidelidad y la obra de Cristo, ningún pecado tiene poder ya sobre ti (Romanos 6:14). Él será fiel para sostenerte en la tentación.

TE INVITO A ORAR CONMIGO:

Amado Padre, gracias por revelarme una historia como la de José. Gracias porque tu fidelidad en su vida nos sigue inspirando hoy, miles de años más tarde, a ser fuertes en la dificultad y la tentación. Te ruego que me ayudes a ver cómo me has sostenido en los momentos más difíciles y me has dado todo para luchar contra las tentaciones de este mundo. Señor, cumple tu propósito en mí. Amén.

LECTURAS RECOMENDADAS:

Génesis 37–50; Romanos 6:14; Hebreos 11:22.

Fiel para darte tus anhelos más profundos

Día 19

Pidan y se les dará; busquen y encontrarán;
llamen y se les abrirá. Porque todo
el que pide, recibe; el que busca,
encuentra y al que llama, se le abre.

MATEO 7:7-8

SI ALGUIEN HA TENIDO DETERMINACIÓN para cumplir sus sueños, he sido yo. Nadie que conociera trabajaba con tanto enfoque y esfuerzo, a veces al punto de la exageración. Quizá no era la más inteligente o la más talentosa de todos, pero las dificultades no me detenían; si quería algo, trabajaba lo más insistentemente posible para obtenerlo hasta que sucediera. La oración era una herramienta, pero lo cierto es que descansaba más en la creencia de que si trabajas lo suficientemente duro por algo, lo lograrás. Después de todo, ¿no era Dios justo, alguien que premia el esfuerzo y siempre ve el trabajo duro? Con esa convicción, me embarqué en el sueño de hacer una maestría en el extranjero. Desde que comencé mi carrera de pregrado, ese había sido mi objetivo: lograr especializarme en una universidad prestigiosa fuera de mi país. Al graduarme de abogada, puse ese plan en marcha. Durante todo el año siguiente a mi grado, me preparé, adquirí más experiencia en el campo de los derechos humanos, investigué, planifiqué, redacté decenas de ensayos, envié solicitudes de admisión a *once* universidades en distintos continentes, busqué todas las becas disponibles y escribí muchos, muchos correos electrónicos.

Todo esto pudiera sonar admirable en un mundo que aplaude la determinación y la perseverancia, pero honestamente era muy agotador. El resultado inicial fue bastante satisfactorio: me aceptaron en la mayoría de las universidades, y en tres de ellas con una beca parcial. Sin embargo, una beca parcial no era suficiente para cubrir mis necesidades, pues yo necesitaba una beca completa, que pagara por el costo de la matrícula y la manutención en alguna de estas carísimas ciudades donde soñaba vivir.

Frente al nuevo reto, como era de esperarse, implementé otro plan, una vez más confiando en que no había objetivo que el esfuerzo no pudiese cumplir. Recuerdo haber hecho una presentación con fechas, acciones y contactos para intentar recaudar esas finanzas que necesitaba. En la primera diapositiva, incluí Mateo 7:7-8, un versículo que en semanas pasadas me había motivado a tener fe en el proceso: *«Pidan y se les dará; busquen y encontrarán; llamen y se les abrirá. Porque todo el que pide, recibe; el que busca, encuentra y al que llama, se le abre»*. No obstante, tras varios meses de muchos esfuerzos infructuosos por ahorrar, buscar más becas e incluso considerar préstamos, tuve que detenerme y aceptar que no iba a poder costear este sueño, al menos no en los próximos años. Ya no me alcanzaba el tiempo y debía confirmarle a la universidad a la que quería asistir si me inscribiría o no.

Me invadió entonces un gran sentimiento de frustración e injusticia. Me sentía defraudada, por el mundo y por Dios. Mi creencia más firme se derrumbó delante de mí: que los sueños se cumplen si *realmente* trabajas por ellos. Me di cuenta de que mis talentos y mi esfuerzo desmedido no compensaban mis desventajas económicas. Me enfrentaba a la realidad del mundo, con su crudeza y su desigualdad.

Unos meses más tarde, cuando todavía buscaba un «Plan B» para ver qué haría con mi vida luego de mi primer plan fallido, y mientras lidiaba con la desilusión, recibí una llamada al teléfono de mi casa. Al principio, no entendía completamente el acento británico con el que me hablaron. Al confirmar mi identidad, me recordaron que hacía unos meses me habían aceptado en el programa de maestría del *King's College* de Londres, Reino Unido (otro de los programas que no podía pagar) y luego pasaron a decirme con la mayor naturalidad que había sido seleccionada para recibir una beca de matrícula completa, junto con *dos* becas complementarias de manutención. Quisiera agregar una importante información: esta era una beca que yo ni siquiera había solicitado, porque era concedida discrecionalmente por la universidad. De entre los cientos de candidatos de todo el mundo, me la habían otorgado a mí. Y muy poco había tenido eso que ver con mi esfuerzo, porque aunque había sido buena alumna y tenía algo de experiencia, seguramente no era el perfil más destacado en las solicitudes, donde competía con estudiantes de toda Europa y Asia.

Lo que pueda expresar en estas líneas no le haría justicia a mi reacción de ese momento. Primero, una de completa incredulidad; luego de asombro, sorpresa y alabanza. Para resumir esta historia, un año después terminé graduándome de una maestría en el *King's College* de Londres y realizando uno de mis sueños más anhelados.

Horas después de haber recibido esta noticia, recordé Mateo 7:7-8. Sin embargo, ahora comprendía este pasaje de una forma distinta, pues ya no se trataba de una frase motivadora para alimentar mi esfuerzo incansable. Mis ojos fueron abiertos para entender el poder y la fidelidad de Dios, que no dependen de cuánto me esfuerce o intente hacer que las cosas sucedan. El Señor actuó exactamente cuando mis opciones y mis fuerzas se habían agotado para demostrarme que él es Dios y yo no. Y no cualquier Dios, sino uno completamente fiel para escuchar y conceder los anhelos de nuestro corazón, según su bondad, soberanía y voluntad. También comprendí que muchas cosas no las obtenemos porque no se las pedimos a Dios (confiando más en nuestro esfuerzo o capacidad) o no las pedimos de corazón (Santiago 4:2-3).

Esta experiencia, que sucedió ya hace unos quince años, ha sido uno de los testimonios que más me han continuado animando a lo largo de mi vida, porque me hizo conocer a un Dios proveedor, cercano a mis necesidades y mis anhelos, aun cuando he perdido la perspectiva y no he puesto mis ojos en Jesús. Dios cumplió mi sueño con un propósito más grande que un título; lo hizo para mostrar su poder y soberanía, recordarme que soy débil y limitada, y en especial, fortalecer mi fe en su fiel amor de Padre que cuida y provee.

No se trata de hacer una guerra contra el trabajo duro, el esfuerzo y la superación personal, sino de comprender que si hacemos todo lo que hacemos para Dios, la forma correcta de asumir cualquier reto o cumplir objetivos es haciéndonos cargo de lo que sí está bajo nuestro control y descansando en él para aquello que no. Permítele obrar en tu vida; haz lo que está a tu alcance y descansa en la poderosa mano que te sostiene y conoce tus sueños. Dios es fiel para cumplir los anhelos de tu corazón, en especial cuando todo tu ser se rinde a él.

TE INVITO A ORAR CONMIGO:

Padre santo, hoy quiero recordar que diste a tu propio Hijo por mí. ¿Cómo no habrás de darme, con él, todas las cosas? Pongo mis sueños y anhelos a tus pies. Te ruego que guardes mi corazón de cualquier idolatría hacia ellos; muéstrale a mi alma que solo en ti encuentro lo que necesito. Enséñame a esforzarme en la medida justa y a no depender más de mis fuerzas que de las tuyas. Ayúdame a confiar en tu carácter, tu provisión y tu mano generosa sobre mi vida. Recuérdame que eres el Dios de los imposibles. Amén.

LECTURAS RECOMENDADAS:

Salmos 37:4; Mateo 7:7-8; Santiago 4:2-3.

Día 20

Fiel cuando el corazón está roto

«Porque yo restauraré tu salud y sanaré tus heridas», afirma el Señor, *«porque te han llamado la desechada, la pobre Sión, la que a nadie le importa».*

Jeremías 30:17

Son pocas las personas que pueden decir que jamás han tenido el corazón roto, en especial en el plano romántico. Durante el desarrollo natural de la vida y las relaciones –y porque habitamos en un mundo caído– mujeres y hombres solemos conocer desde jóvenes el sentimiento de amar sin ser correspondidos, el dolor de las ilusiones deshechas y las promesas rotas, o la crudeza del rechazo. Personalmente –en parte porque por mucho tiempo fui una ingenua enamorada del romance– experimenté todas estas formas de tener el corazón roto en distintos momentos de mi vida.

Recuerdo una época particularmente dura que viví después de una ruptura amorosa. Debido a mis conceptos errados y mi necesidad más profunda de Dios, había hecho de aquella relación un ídolo en mi corazón. Nunca se trató tanto de la persona en sí, sino de la idea que construí sobre esa relación y lo que yo pensaba que podía darme: aceptación, amor y hasta identidad. Si en esa relación había encontrado finalmente al «indicado», ya nunca más tendría que estar sola y se disiparían mis sentimientos de inadecuación y fracaso. Según mi forma de ver las cosas en ese momento, la relación indicada tendría la habilidad de darme todo aquello que sentía que faltaba en mi vida, sanar las desilusiones del pasado y darme un futuro lleno de esperanza y emoción.

¿Lo dices tú, o lo digo yo? Sí, claramente había hecho del amor romántico un ídolo con nombre y apellido. A pesar de ser creyente, había construido con mis propias manos una especie de «becerro de oro» alrededor de lo que entendía como amor verdadero. Y en cada posibilidad o relación amorosa, vaciaba todas mis expectativas de una vida plena. Sin darme cuenta, «adoraba» al dios de la ilusión, del romance, depositando en él todas mis esperanzas. No es de extrañar, entonces, que cuando aquella relación que mencioné terminó, mi mundo entero se derrumbó. De un momento a otro me sentí perdida, desechada, indigna y sin valor. Esa ruptura estaba confirmando todos mis temores: yo no era amada, escogida, ni tenía esperanza. Soy muy sincera al contarte que esto era lo que realmente sentía y pensaba, a pesar de considerarme seguidora de Cristo.

El sufrimiento que estaba siendo causado por mi pecado de idolatría era de algún modo merecido (Lamentaciones 3:39). Mi mundo se derrumbó porque no estaba construido sobre los cimientos correctos y duraderos. No obstante, la respuesta que encontré delante de mí no fue la de un Dios castigador o que me decía burlonamente: «Te lo dije», como esperé que sucediera al contemplar avergonzada el resultado de mis falsas ilusiones. Para mi sorpresa, fui rescatada por un Dios que me recordó dónde encontrar el amor que tanto anhelaba recibir, la elección de la que quería ser parte y la identidad que me moldeó.

En los libros de Jeremías y Lamentaciones nos encontramos con la historia de un pueblo devastado a causa de su pecado. Su idolatría hacia otros dioses, pese a conocer al Dios verdadero, había sido constante y descarada. Israel es entonces tomado militarmente por Babilonia, y en esta derrota pierden todo lo que valoraban: alimentos, recursos financieros y humanos, alianzas políticas y su dignidad como pueblo. Las Escrituras nos dejan claro que esto sucede debido a su pecado, al alejarse de Dios y entregarse a pasiones desordenadas de todo tipo.

Sin duda, Jeremías y Lamentaciones no se escribieron para que lidiáramos mejor con nuestras decepciones amorosas; estos libros nos hablan de la historia política y espiritual de un pueblo al que Dios había prometido preservar para sí mismo. No obstante, en esa revelación también se nos enseña el principio central que es trazado a lo largo de toda la Biblia: Dios quiere nuestro corazón entero, no uno dividido entre ídolos y falsas devociones. Y aquí sí que encontramos un paralelismo entre Israel y nosotros: un corazón que fácilmente desvía su devoción a otras cosas y personas que no son ni pueden ser Dios.

Aunque la exposición de su pecado y las correspondientes consecuencias hacen que el pueblo de Israel se sienta devastado, el mensaje que Dios quiere entregarles es uno de amorosa fidelidad: «*"Porque yo restauraré tu salud y sanaré tus heridas"*, afirma el SEÑOR, *"porque te han llamado la desechada, la pobre Sión, la que a nadie le importa"*» (Jeremías 30:17). Esta promesa se repite en diversas profecías que encontramos en Jeremías y Lamentaciones. En ella vemos a un Dios fiel que nos abre los ojos a nuestro pecado y nos declara que nuestra perdición es vivir lejos de él. Como un padre amoroso, permite y causa el dolor que destruye nuestro corazón de piedra (Jeremías 30:14). En medio de una profunda infidelidad, Dios se revela como completamente fiel para sanar y restaurar nuestro corazón roto y desolado.

Cuando todos nos han rechazado, cuando las ilusiones se han acabado, su fiel amor nos levanta y nos recuerda que él ya nos amó, ya nos escogió y nos hizo parte de sus propósitos eternos (Efesios 1:4-6). Y aunque hemos fallado, el Señor nos recibe nuevamente y nos da todo aquello que los ídolos no pueden darnos.

Él es fiel para juntar las piezas de tu corazón roto y darte uno nuevo.

TE INVITO A ORAR CONMIGO:

Señor, vengo a ti con el dolor de un corazón roto. La desilusión, el rechazo y la fragilidad de las relaciones me han recordado la inmensa necesidad que tengo de ti y de comprender que mi seguridad y gozo solo vienen de tu presencia en mi vida. Te pido que juntes las piezas de mi corazón, que me perdones si te he sido infiel al creer que hay otros que pudieran darme lo que solo tú puedes concederme. Camina conmigo en el dolor y restáurame. Gracias porque eres siempre fiel. Amén.

LECTURAS RECOMENDADAS:
Jeremías 30; Lamentaciones 3; Efesios 1.

Día 21

Fiel en nuestra rebeldía

«Yo deshice como a una nube tus rebeliones
y como a una niebla tus pecados;
vuélvete a mí, porque yo te redimí».

ISAÍAS 44:22 (RVR-1995)

«SI TÚ NO ME LO DAS, pues yo misma lo buscaré». Estas fueron las vergonzosas pero sinceras palabras que le dije a Dios en una oración, sintiéndome agotada y dolida por el paso del tiempo y la negativa del Señor a responder mi pedido de un esposo. No solo se trataba del anhelo que tenía de casarme y formar una familia, sino del sufrimiento que me generaba la búsqueda, la espera y la constante desilusión, las cuales parecían formar un ciclo que revivía una y otra vez. También sentía que Dios me había abandonado y olvidado en ese aspecto, como si las oraciones para hacer realidad mis anhelos rebotaran en el cielo y se me devolvieran en forma de burla.

De algún modo, pensaba que Dios estaba negándome intencionalmente el amor romántico, algo con lo que sí había decidido bendecir a todos a mi alrededor, lo cual me hizo sentir triste por mucho tiempo hasta que esa tristeza no resuelta se convirtió en rabia, y la rabia, en rebeldía, la misma rebeldía que me llevó a pronunciar aquellas palabras en mi oración. Con ellas, le presentaba un ultimátum a Dios, diciéndole que ante la posible negativa al mismo estaba dispuesta a desobedecer sus preceptos acerca de la elección de una pareja y a no confiar en su voluntad.

Ya no me importaba esperar por «el hombre que Dios iba a traer a mi vida», pues era evidente que Dios se había tardado demasiado y eso quizá significaba que no iba a cumplir ese anhelo. Solo pensar en ese razonamiento me hacía sentir muy herida y enojada contra Dios. Lo que no reconocía en ese entonces era que todo ese enojo no solamente revelaba mi naturaleza humana y mi creencia de que Dios me «debía» algo, sino que era evidencia de la profunda idolatría que mostraba hacia el amor romántico y el matrimonio. Así que le dije a Dios que si él había decidido no darme lo que más anhelaba en este mundo y —en mi opinión— merecía tanto, entonces lo buscaría por mis propios medios, sin importar si era su voluntad para mi vida. En mi cabeza, el objetivo era encontrar el amor y casarme, y si Dios me estaba fallando, era válido rebelarme en su contra y procurarme lo que realmente quería.

Aunque mi rebeldía sí se concretó con decisiones erróneas y desorientadas, lo que más resaltaba de mí en ese entonces era un corazón dolido y resentido. Hoy puedo ver que había decidido ser rebelde para probar si a Dios le dolía igual que a mí la decepción (¡hablemos de estar desubicada!). Si por casualidad has leído mi libro, *Jamás solo: La bendición de la soltería*, sabrás que hay un capítulo en el que relato detalladamente esta etapa de rebeldía y yugo desigual, pero hoy quisiera enfocarme en la intervención de Dios durante esta vergonzosa época de mi vida.

Si bien es cierto que el Señor nos da la suficiente libertad y autonomía para decidir vivir la vida como queramos y experimentar las consecuencias –buenas o malas– de ello, también es cierto que hay una verdad que brilla como el sol:

> *Si somos infieles, él sigue siendo fiel, ya que no puede negarse a sí mismo.*
>
> 2 TIMOTEO 2:13

Exactamente eso fue lo que sucedió en mi historia. En mi rebeldía alimentada por el dolor y el resentimiento, pude ver la mano amorosa y fiel de un Dios que no se rindió conmigo.

Cuando caminé en medio de mis decisiones y relaciones equivocadas, pude escuchar su voz llamándome amorosamente: «Regresa a casa; te espero y te amo. Lo que yo te ofrezco es mucho mejor que lo que tratas de encontrar en otros». Sin embargo, aun en esos momentos, sabiendo que eso era cierto, me rehusaba a soltar a mi ídolo, ya que tenía miedo de las represalias. Y aunque no puedo decir que las decisiones que tomé en esa época no dejaron cicatrices en mí, sí puedo asegurar que el Señor no me recriminó, sino que me recibió de vuelta con los brazos abiertos, cual hija pródiga, cuando finalmente decidí rendirme al hecho de que Dios era más grande que mi anhelo de casarme.

Ya con el corazón restaurado, pude ver cómo el Señor me había guardado aun en mi camino errado. Él me protegió del mundo e incluso de mis propias decisiones. No puedo explicar lógicamente por qué, pero cuando quise huir y rebelarme contra él, Dios me mostró su fiel misericordia y gracia, porque así es nuestro Señor. Hoy por hoy, creo que su amor por mí lo llevó a hacer oídos sordos a mi necia oración, y solo él sabe cuánto se lo agradezco.

Este relato no es una invitación a que te rebeles contra el Padre, ni una afirmación de que está bien hacer «berrinches» cuando Dios no te da lo que deseas. Esas reacciones solo revelan cuánto necesita madurar nuestro corazón y los ídolos que hay que derribar, pues son otra evidencia de nuestra ingenuidad pecaminosa. No obstante, resulta innegable que se trata de emociones y vivencias humanas. Y es allí donde debes recordar que aun en tu rebeldía, Dios sigue siendo fiel. Nada de lo que puedas hacer te apartará de su amor ni de la misericordia que él desea mostrarte. Es su carácter y la redención de tu alma lo que te da esa garantía, porque su obra de amor ya se consumó por ti.

Jesús no deja de amarte ni de perseverar por ti porque te hayas alejado. El Espíritu Santo sigue hablando a tu vida para que prestes atención, y el Padre te espera con sus amorosos brazos abiertos para exclamar: *«Porque este hijo mío estaba muerto, pero ahora ha vuelto a la vida; se había perdido, pero ha sido hallado»* (Lucas 15:24).

Dios es fiel incluso en medio de tu rebeldía. Él perdona y olvida tu pecado y renueva tu esperanza como no creíste que fuera posible. Aunque nosotros somos inconstantes, Dios persevera. *Aunque somos infieles, él permanece fiel.*

TE INVITO A ORAR CONMIGO:

Padre amado, me acerco a ti con un corazón que alguna vez quiso rebelarse en tu contra, o que aún desea hacerlo. Te presento mi tristeza, decepción y dolor y te pido que me permitas llevarlos a ti para no pecar. Pero aun cuando me he alejado, te doy gracias porque tú no has hecho lo mismo, sino que has permanecido cercano y fiel. Perdóname por rebelarme, por desobedecer y por el orgullo de creer que sé lo que es mejor para mí. Solo tú sabes eso, así que me someto a tu amorosa voluntad, rindo mi corazón rebelde y dejo que tu abrazo de Padre deshaga mi temor a confiar. Amén.

LECTURAS RECOMENDADAS:

Isaías 44:22; Lucas 15; Romanos 8:35-39; 2 Timoteo 2:13.

Día 22

Fiel en la disciplina

Tu vara y tu cayado me infundirán aliento.

SALMOS 23:4b (RVR-1960)

SEAMOS HONESTOS. A ninguno de nosotros nos gusta la disciplina. Me refiero a que todos, de alguna forma u otra, detestábamos cuando de pequeños debíamos asumir las consecuencias de nuestros actos, cuando nuestras travesuras se exponían en público, o simplemente cuando recibíamos un «jalón de orejas» luego de que se descubriera que habíamos hecho aquello que no debíamos hacer.

Personalmente, desde niña siempre evité meterme en problemas, no tanto porque me gustara hacer el bien y ser obediente por amor a mis padres, sino porque prefería evadir la molestia y la vergüenza de ser disciplinada de alguna manera. Tanto me importaba conservar mi imagen recta ante otros y evitar consecuencias desagradables, que simplemente no hacía nada que pudiera atentar contra mi imagen de integridad. No es de extrañarse entonces que tomara el mismo camino en mi relación con Dios: pensaba que, siempre que permaneciera haciendo lo que estaba permitido y me alejara de lo que no, estaría bien con él y protegida de los peligros de este mundo. Era un escenario que, en mi ingenuidad, me parecía que podía controlar completamente.

Sin embargo, lo que sucede cuando nos esforzamos por tener una conducta recta con el fin de mantenernos a salvo del castigo, las consecuencias o el peligro es que nuestra motivación proviene más del interés personal y la preocupación por la vergüenza pública que de tener un corazón que genuinamente desee hacer lo bueno por amor a Dios. Y es que hay una importante diferencia entre hacer las cosas *para* obtener seguridad, reconocimiento o evitar problemas y hacerlas *porque* amamos a Dios, y eso se evidencia en la manera en la que nos conducimos en la vida.

Por ello, no pude mantener mi «control» por mucho tiempo. Como tenía un corazón inmaduro y el comportamiento recto en mi vida no provenía de una devoción genuina a Dios, enseguida comencé a relativizar ciertos principios y a tomar decisiones que demostraban que mi lealtad no estaba tanto con Dios como conmigo misma. Si podía hacer cosas que aparentemente no afectaran a nadie más o que no me expusieran demasiado, me daba a mí misma esa libertad. Ciertas conductas eran tolerables para mí siempre que las hiciera en secreto: desde involucrarme en chismes, relativizar los principios de la fe, hasta aceptar comportamientos que no honraban a Dios en mi vida y la de otros.

Luego de varios años de vivir de esta manera, concibiendo el pecado en mi corazón y dibujando ciertas líneas que no cruzaba para supuestamente mantener mi rectitud (al menos en el papel), los efectos naturales de vivir y pensar así me alcanzaron. De distintas formas, comencé a experimentar las consecuencias de tener un corazón consumido por otras cosas que no eran Dios. Pensé que el legalismo podía sostener mi fe y mi vida, hasta que mi propia obra de teatro cayó por su propio peso.

Cuando la Biblia afirma: «*Porque el que procede con injusticia sufrirá las consecuencias del mal que ha cometido, y eso, sin acepción de personas*» (Colosenses 3:25, NBLA), podemos confiar en que la relación entre nuestras acciones y sus resultados es real. Pero hay algo más: la Palabra de Dios también nos recuerda que la disciplina que viene con las consecuencias es una expresión de amor de parte de un Padre cuya corrección busca cambiar ese corazón de piedra que nos llevó al pecado en primer lugar. Deuteronomio 8:5 declara: «*Reconoce en tu corazón que, así como un padre disciplina a su hijo, también el Señor tu Dios te disciplina a ti*». Si Dios estableció consecuencias para nuestro pecado de las que no podremos escapar, es porque nos demostró un amor que está por encima de nuestra conducta y quiere transformarnos desde lo más profundo. Dios nos disciplina porque nos ama, e incluso en ello veremos su gran fidelidad hacia nosotros.

Una de las expresiones más preciosas de este hecho la encontramos también en el versículo 4 del conocido Salmo 23, aunque quizá no la habías asociado antes a la disciplina: «*Tu vara y tu cayado me infundirán aliento*» es una declaración de la fidelidad de Dios expresada en cuidar de ti mediante la dirección y la corrección. Las palabras hebreas para «vara» (*shaybet*) y «cayado» (*mishaynaw*)[8] se refieren a algún tipo de apoyo en la dirección hacia la cual

8. https://www.blueletterbible.org/lexicon/h4938/kjv/wlc/0-1/.

caminar, siendo además curvos en la parte superior para prender y retener a las reses.

> *«La vara (un garrote que se llevaba en el cinturón) y el cayado (para caminar y reunir al rebaño) eran el arma y la herramienta del pastor: la primera para la defensa (cf. 1 Samuel 17:35) y el segundo para el control, ya que la disciplina es seguridad [...] Estos instrumentos de guía eran un consuelo para David. Lo ayudaba –incluso en el valle de sombra de muerte– saber que Dios lo guiaba, aun mediante la corrección. Es un gran consuelo saber que Dios nos corrige cuando lo necesitamos».*[9]

No sé tú, pero mi corazón se llena de un gran consuelo y ánimo cuando se me recuerda que, aun los momentos más amargos en los que tenemos que experimentar las consecuencias de nuestros actos y pasar por el dolor de la disciplina, son una expresión de cuánto Dios nos ama y cuán fiel permanece a su promesa de nunca dejarnos. El hecho de que la disciplina de Dios nos alcance nos revela que tenemos el privilegio inconmensurable de ser llamados hijos de Dios (Hebreos 12:7) y que él es fiel al no dejarnos tal y como estamos, ni permitirnos perseverar en nuestra necedad y legalismo. Su vara y su cayado infunden en nosotros ánimo cuando comprobamos que son producto de la fidelidad de un Padre que nos lleva a sentir el dolor del pecado para así ser transformados por medio del arrepentimiento.

9. David Guzik, Study Guide for Psalm 23 (traducido al español). https://www.blueletterbible.org/comm/guzik_david/study-guide/psalm/psalm-23.cfm?a=501001.

Dios es fiel al corregirte, así que antes de resistirte a la disciplina, recuerda que hay un propósito más allá de la vergüenza o de «hacernos pagar» nuestro error. *«Al presente ninguna disciplina parece ser causa de gozo, sino de tristeza. Sin embargo, a los que han sido ejercitados por medio de ella, después les da fruto apacible de justicia»* (Hebreos 12:11, NBLA).

TE INVITO A ORAR CONMIGO:

Padre bueno, te pido que transformes mi corazón en uno que quiera obedecerte y hacer lo correcto por devoción a ti, y no solo para quedar bien. Gracias porque aun en la disciplina eres fiel. Gracias porque puedo ver tu amor de Padre, que no me deja tal y como estoy, incluso en medio de esta corrección que me incomoda tanto. Ayúdame a recordar que, aunque esta disciplina parece no ser una causa de gozo, dará tu fruto de justicia en mí. Amén.

LECTURAS RECOMENDADAS:

Deuteronomio 8:5; Salmos 23; Proverbios 3:11-12; Hebreos 12:7-11.

Fiel para sanar la enfermedad

Día 23

Él mismo, en su cuerpo, llevó al madero nuestros pecados, para que muramos al pecado y vivamos para la justicia. Por sus heridas ustedes han sido sanados.

1 PEDRO 2:24

UN DÍA CUALQUIERA, mi mano derecha comenzó a dolerme. Al principio se sentía como el dolor muscular de haberme dado un golpe fuerte, pero luego también me dolían los huesos de mis articulaciones. Veinticuatro horas después, el dolor se hizo mucho más fuerte y comenzó a ser difícil mover y usar mi mano normalmente. Fui al traumatólogo (la especialidad que se me ocurrió podía ser la correcta) y el doctor me dijo que quizá la había doblado sin darme cuenta, me mandó unas pastillas y me pidió mantenerla en reposo por el fin de semana.

Para el lunes, la mano estaba mucho peor: completamente inflamada, muy adolorida e inútil. Además, como una persona diestra, me era difícil completar las tareas normales de la vida e incluso trabajar. Decidí ir a otro especialista, quien a su vez me refirió a otros médicos, los cuales ordenaron un sinfín de exámenes. Vi a médicos generales, fisiatras, dermatólogos y reumatólogos, pero ninguno daba con un diagnóstico certero ni con la solución a mi padecimiento. Mientras que algunos doctores me informaron que no tenían idea de lo que me estaba afectando, otros me dijeron que quizá se trataba de un tipo de bacteria, y hubo uno que me aseguró que se trataba de una enfermedad autoinmune que «se iba a seguir manifestando de otras maneras». Sin embargo, y para la gloria de Dios, todas las pruebas de enfermedades autoinmunes continuaban resultando negativas.

Esta experiencia fue particularmente angustiante, porque no solo lidiaba con el dolor físico latente y la discapacidad, sino con la incertidumbre de no saber qué tenía. No era la primera ocasión en mi vida que enfrentaba una situación de salud, pero definitivamente era la primera vez que lo que estaba ocurriendo en mi cuerpo me generaba tanta ansiedad. Durante varios meses, hubo decenas de oraciones y lágrimas por sanidad. Tenía mucho temor de padecer alguna enfermedad grave y también me sentía rara por ser «la única a quien le sucedía algo tan extraño». De cierta forma, me sentía abandonada e incomprendida, por los médicos y también por Dios. En mí reinaba el sentimiento de que Dios no me escuchaba, porque aunque él sí sabía qué tenía, no me lo decía ni me sanaba. No obstante, continué orando sin cesar.

Con el paso de los meses, los medicamentos y la fisioterapia, la inflamación fue disminuyendo y el dolor se fue. La movilidad de mi mano volvió casi a la normalidad. Hoy han pasado más de doce años y jamás volví a tener un problema similar en mi cuerpo. No sé qué diagnóstico estuvo más cerca de la verdad, ni por qué me sucedió aquello, pero sí puedo afirmar que Dios me sanó de una forma milagrosa. No fue algo inmediato, sino un proceso tanto físico como espiritual, porque caminar en medio de esa incertidumbre me obligó a confiar en el carácter de mi Dios.

A pesar de que en ese tiempo por momentos me sentí abandonada o incomprendida, seguí acudiendo a mi Padre por consuelo. Y aunque todos los días rogaba por sanidad, progresivamente comencé a clamar más por ser capaz de vivir su verdad: si Jesús llevó en su cuerpo mis enfermedades, mis dolencias y mi pecado (Isaías 53:4), ciertamente le importaba lo que estaba sucediendo en mi mano. Eso me daba esperanzas de que, en este lado de la eternidad o en el otro, experimentaría sanidad algún día. Y así fue.

Me alegra mucho poder dar este testimonio de la fidelidad de Dios para sanarme, pero de esta experiencia (y de otras que le siguieron) aprendí algo aún más importante. Una de las verdades que más nos cuesta comprender a muchos es el hecho de que el Señor es nuestro sanador y nos ha prometido sanidad, garantizada por su obra en la cruz; sin embargo, al mismo tiempo podemos observar que Dios no siempre obra una sanidad inmediata cuando oramos por ella. Honestamente, no creo tener la capacidad de explicar por qué es así: por qué a veces vemos sanidades milagrosas inmediatas, por qué otras suceden de manera progresiva (como en mi caso) y por qué hay personas que viven con una enfermedad dolorosa toda su vida o el Señor decide llevárselas debido a ella. ¿Quién conoce la mente del Señor? Aun así, sabemos que él permanece fiel a su naturaleza y bondad para nuestras vidas.

Cuando las Escrituras nos recuerdan que podemos y debemos orar por sanidad (Jeremías 17:14; Santiago 5:14-15; Mateo 10:8), nos invitan a confiar en el poder sanador de Dios sobre nuestras enfermedades. No hay diagnóstico ni enfermedad que tengan la palabra final en nuestras vidas. Tenemos un Padre que nos ama y un Salvador poderoso que hizo muchos milagros de sanidad, de modo que orar para ser sanados es siempre parte de su voluntad. Sin embargo, sabemos que no siempre veremos sanidad en la tierra.

La sanidad de Dios no es solo un milagro terrenal que necesitamos aquí y ahora. Constituye la evidencia de una obra más grande de redención y una garantía de nuestra esperanza eterna. Es una expresión de la promesa de que la obra que Jesús hizo al darse en la cruz fue suficiente para llevar nuestro dolor, nuestra naturaleza de muerte y la enfermedad que nos afecta. Por ello, podemos confiar en que, si Dios no obra un milagro de sanidad en nuestra vida actual, de seguro lo completará cuando Cristo reine y nunca más suframos. Su redención alcanza no solo nuestros cuerpos, sino nuestras almas.

Enfrentar un diagnóstico, vivir con una enfermedad o inclusive desconocer qué es lo que les sucede a nuestros cuerpos debe llevarnos a recordar que *«él fue traspasado por nuestras rebeliones y molido por nuestras iniquidades. Sobre él recayó el castigo, precio de nuestra paz y gracias a sus heridas fuimos sanados»* (Isaías 53:5). La sanidad es uno de los tantos tesoros que ya tenemos en Cristo. Su obra fue completada. Es posible que la experimentemos en el presente o en un futuro con él, pero podemos confiar en que la enfermedad no será para siempre: un día disfrutaremos de la plenitud de la vida con cuerpos glorificados.

Dios es fiel para sanarte, aquí o más adelante, porque dio a su único Hijo como garantía. Ninguna huella de este mundo caído puede marcar tu cuerpo o tu alma por encima de la garantía de su amor y de un futuro eterno donde no habrá enfermedad, llanto ni dolor.

TE INVITO A ORAR CONMIGO:

Señor, hoy quiero orar por sanidad de esta enfermedad o diagnóstico (para mí o para ese ser querido). Sé que eres poderoso y amoroso para hacerlo, así que te pido un milagro de salud completa. Pero más aún, te ruego que mis ojos sean abiertos a la totalidad de tu obra sanadora, una que incluyó mi alma y la promesa de redención de todas las cosas. Ayúdame a descansar en mi esperanza de una eternidad sin enfermedad ni sufrimiento, mientras confío en que usas todas las cosas para mi bien. Amén.

LECTURAS RECOMENDADAS:

Isaías 53:5; Jeremías 17:14; Mateo 10:8; Santiago 5:14–15; 1 Pedro 2:24.

Día 24

Fiel en la amargura

¿Por qué me llaman Noemí si me ha afligido el Señor*, si me ha hecho desdichada el Todopoderoso?*

Rut 1:21b

Hace unos años me topé nuevamente con la historia de Noemí en el libro de Rut. Sin embargo, en esa ocasión se sintió como un encuentro más personal con ella y su historia. Como creyente, mujer, esposa y madre viviendo en un país extranjero, comprendí su situación y sus sentimientos. Aunque no en la misma proporción de Noemí, he experimentado momentos desoladores sin tener a mis familiares, amigos o la iglesia donde crecí cerca. Sentirse extranjero en otra tierra no es una sensación fácil. Así que en este «reencuentro» con Noemí vi cómo muchas piezas de mi vida encajaban con las suyas. Y eso terminó enseñándome mucho acerca de mí y, sobre todo, acerca de Dios.

Como seguramente sabes si has leído el libro de Rut, Noemí era una mujer oriunda de Belén, en Judá, que había emigrado hacia Moab junto con su esposo e hijos. Su esposo Elimélec murió estando en Moab, y sus hijos crecieron y se casaron con mujeres moabitas. Años después, probablemente de forma inesperada y prematura, ellos también fallecen. Así que Noemí se queda entonces sin esposo ni descendencia masculina, y en consecuencia, sin protección. Solo tiene a sus dos nueras, a quienes invita a permanecer en Moab y buscar rehacer sus vidas con nuevos esposos mientras que ella se dispone a regresar a su tierra. Pero Rut, en una muestra de amor, fidelidad y fe, decide mantenerse junto a su suegra. Esto, en el momento, no fue necesariamente de consuelo para Noemí, quien al llegar a Judá junto a Rut, declara:

> *«No me llamen Noemí, llámenme Mara, porque el trato del Todopoderoso me ha llenado de amargura. Llena me fui, pero vacía me ha hecho volver el* SEÑOR. *¿Por qué me llaman Noemí, ya que el* SEÑOR *ha dado testimonio contra mí y el Todopoderoso me ha afligido?».*
>
> RUT 1:20-21 (NBLA)

Noemí se vio a sí misma regresando a su tierra sin nada en sus manos: sin esposo, hijos o descendencia, y sin posibilidad aparente de provisión y un futuro. Ella pensó que este era el fin de su historia y se llenó de una profunda amargura. Debido a las múltiples pérdidas sufridas —de su familia, hogar y protección— Noemí se sintió defraudada por Dios y esto la llevó a declararse completamente sin esperanza (v. 13). Tan profunda fue su tristeza, que para ella era un poco irónico escuchar a otros llamarla *«agradable y placentera»*, el significado de su nombre. Por eso, decidió cambiarlo. Ahora debían llamarla Mara, que significa *«amargura»*. Esta fue una fuerte declaración de desesperanza. ¡Imagina cambiar tu nombre para que todos te llamen «amargada» de ese momento en adelante!

Tal como mencioné al principio, hubo un tiempo en mi vida en el que me identifiqué con Noemí. Aunque no había perdido a un esposo e hijos, ni experimentado ese nivel de dolor, sí sentía que Dios me había defraudado cuando me vi muy sola en medio de circunstancias difíciles. Reflexionaba en que en algún momento había tenido las manos llenas, pero ahora el Señor me había dejado sin nada. En medio de la misma búsqueda de esperanza de Noemí, mis circunstancias parecían menos que alentadoras. Desde mi perspectiva, mi situación me invitaba a deprimirme e intentar «cambiarme el nombre», redefiniendo por mí misma quién era y el destino desdichado que Dios estaba permitiendo en mi vida.

Sin embargo, la historia de Noemí no concluye con su amargura. Luego de distintos acontecimientos providenciales, al final del relato, Noemí se encuentra en otra situación completamente inesperada, pero esta vez para bien. De un momento a otro fue beneficiada por un pariente-redentor (Booz) y encontró la protección que necesitaba, junto con el valioso afecto de Rut. Y no solo eso, sino que el Dios de lo imposible había provisto para ella descendencia por medio de esta redención. Noemí criaría a Obed, el hijo de Booz y su nuera Rut, exactamente como a un nieto (Rut 4:16). Ella pudo disfrutar de la fidelidad de Dios, que no la abandonó en ningún momento, ni siquiera en su profunda amargura.

El ánimo que ofrece el testimonio de Noemí debe contagiarnos. Por medio de su historia aprendemos que Dios no deja de ser fiel, aun si decidimos interpretar nuestra propia versión de las circunstancias. Cuando nos entregamos a la amargura y la tristeza —incluso comprando la mentira de que Dios está lejos, nos ha hecho mal o simplemente no le importamos— él sigue siendo fiel y continúa obrando. Jesús nos encuentra en nuestra amargura al recordarnos que hay un destino seguro, lleno de bondad y de esperanza en él, y que al mismo tiempo se identifica con nosotros en la dureza de nuestras circunstancias.

Al creer que Dios dispone de manera genuina todas —absolutamente todas— las cosas para el bien de quienes lo amamos (Romanos 8:28), podremos quizá no ser tan rápidos para «cambiarnos el nombre» y declarar que nuestra vida es triste o nos aguarda un futuro gris. El Espíritu Santo nos capacita para tener paciencia y perseverancia en la fe, anclándonos en sus promesas (2 Corintios 1:21-22).

A través del reencuentro con esta historia pude conocer algo más del carácter de Dios, y además recordar que este es nuestro Padre, atento y al control de cada circunstancia de nuestra vida. Él se revela a nosotros no solo en la teoría teológica, sino también al involucrarse de forma íntima en todos los detalles de nuestra vida. Al contemplar nuestra oscuridad, se abre una oportunidad para conocer más de su luz. *Cristo despliega su fidelidad aun en los trazos más oscuros del lienzo de nuestra vida.*

Así que no dejes que nadie te llame «amargura». Siempre hay un futuro lleno de esperanza en Cristo.

TE INVITO A ORAR CONMIGO:

Señor, te ruego que abras mis ojos a la verdad de mis circunstancias. Muéstrame que eres tú quien define mi identidad y mi destino, y no lo difícil de mi situación. Ayúdame a no albergar amargura contra ti ni contra otros, porque quiero confiar en tu carácter y en que tienes un plan para mi vida. Gracias por haber sido siempre fiel, incluso en los momentos cuando sentí perder toda esperanza. Amén.

LECTURAS RECOMENDADAS:

Rut 1; Rut 4; 2 Corintios 1:21–22; Romanos 8:28.

Fiel en tu pecado

Día 25

Porque el pecado no se enseñoreará de ustedes.

ROMANOS 6:14a (RVA-2015)

COMPRENDO QUE PUEDE LLEGAR A sonar escandaloso, pero lo que diré es cierto: Dios permanece fiel aun cuando pecamos, ya sea que se trate de momentos concretos o incluso de una temporada entera de la vida. Permíteme contarte cómo he comprobado esta verdad en mi vida y lo que significa en la tuya.

En otro día de reflexión en este devocional, compartí acerca de cómo Dios es profundamente fiel, incluso cuando somos lo que Jesús llama «tibios». En mi caso personal, durante mis propias épocas de esa tibieza en las que decía conocer a Dios y amar su Palabra, perseveré de distintas formas en mi pecado: vivía una profunda idolatría hacia mis metas y sueños, estuve en relaciones de yugo desigual, consentía en participar en conversaciones que deshonraban a Dios y descartaba la autoridad de la Palabra de Dios como un todo. Podría describir cada una de estas situaciones en detalle, pero creo que ya tienes una idea de lo que trato de expresar.

Principalmente durante los últimos años de la universidad y hasta culminar la maestría, fue un tiempo en el cual parecía complacerme en el pecado, persiguiendo objetivos, experiencias, personas y conceptos como a pequeños dioses, a pesar de saber que eso estaba mal y no era lo que Dios quería para mi vida. Sin embargo, Dios fue fiel, incluso en medio de mi pecado.

No puedo decir que no hubiera consecuencias a muchas de mis decisiones y conductas, porque sí las hubo. Pero incluso esas consecuencias fueron una expresión de la fidelidad de Dios en medio de mi camino lejos de él, porque me ayudaron a comprender lo que implicaba apartarme de Dios por decisión propia.

No pretendo romantizar las épocas de alejamiento de Dios, porque sin duda es muy doloroso perder el tiempo fuera de su voluntad, vivir las consecuencias y darnos cuenta de lo necios que fuimos. Sin embargo, Dios no esperó a que yo me arrepintiera de mis pecados para entonces volver a ser fiel conmigo. Él siguió siendo fiel pese a que yo lo estaba negando con mis acciones. Puedo afirmar esto no solo por la fe en lo que nos revela su Palabra, sino porque lo experimenté en carne propia. Aun en esos tiempos, pude ver la mano de Dios sobre mi vida: me protegió de muchos peligros, proveyó de muchas maneras y jamás dejó de llamarme a volver al camino correcto. A pesar de que yo perseveraba en mi pecado, él perseveraba por mí. *Dios no se alejó, aunque yo lo hice; no dejó de ser fiel, aunque yo sí fui infiel.*

La evidencia de la fidelidad de Dios en medio de nuestro pecado se describe en Romanos 6:14, con el hecho de que, aunque continuamos pecando en la vida cristiana, ya no nos encontramos bajo el régimen de la ley, según el cual merecemos castigo y muerte por hacer lo incorrecto.

Gracias a su fidelidad, demostrada al darnos a su Hijo, Dios nos hace vivir ahora bajo un sistema de gracia: un favor inmerecido que justifica lo que hemos hecho (¡aunque sea injustificable!). Ya no existe ninguna autoridad que nos «obligue» a pecar. Nadie que esté en Cristo puede conscientemente decir: «Es que no tengo más remedio que ceder a la tentación», porque el sacrificio de Jesús ya cambió eso.

Es particularmente importante lo que nos dicen las Escrituras:

Entonces, ¿qué? ¿Vamos a pecar porque no estamos ya bajo la Ley, sino bajo la gracia? ¡De ninguna manera!

ROMANOS 6:15

En efecto, habiendo sido liberados del pecado, ahora son ustedes esclavos de la justicia.

ROMANOS 6:18

En Cristo, fuimos liberados del pecado que nos esclavizaba. Por eso, a pesar de que todavía pecamos, no estamos obligados a permanecer en una vida pecaminosa, porque ahora somos esclavos de la justicia. Y es en ese sometimiento amoroso a su buena voluntad que podemos comprobar que él es fiel, aun si pecamos. Dios camina con nosotros incluso cuando hemos elegido un camino incorrecto. Todavía nos ama, nos aconseja, nos recuerda que dio a su Hijo para que no estuviéramos eternamente separados de él, y está listo para perdonarnos y ayudarnos a enderezar nuestro rumbo. *Dios no huye de ti cuando tú huyes de él.* Tu Padre es fiel a pesar de y a través de tu pecado, ofreciéndote arrepentimiento, perdón, restauración y mostrándote que una vida con él es infinitamente mejor que cualquier cosa que ofrezcan las seducciones de este mundo.

Si en este momento o en alguna otra ocasión llegas a sentir que te has alejado demasiado, que tu pecado es demasiado vergonzoso para volver a Dios, o que él ya no está interesado en ti debido a lo infiel que has sido, por favor, piénsalo de nuevo. Medita en la verdad revelada en la Biblia: Dios mostró su amor por ti al dar a Cristo cuando todavía eras pecador, estabas perdido y muerto en vida (Romanos 5:8). ¡Aun en ese momento el Señor ya te amaba! Así que ahora, habiéndote adoptado y salvado, ¿cómo te dejará? Son los mismos brazos del Padre los que esperan recibirte de regreso amorosamente, tal como lo hizo el padre con su hijo pródigo.

Tu Salvador permanece fiel aunque te alejes. Él perdona tu pecado, sana tus heridas y te recuerda a quién perteneces para que tengas parte en el banquete de su abundancia de vida.

TE INVITO A ORAR CONMIGO:

Padre bueno, quiero pedirte perdón por mis pecados, por creer saber lo que me conviene y perseguir deseos y experiencias contrarios a tu voluntad, que jamás me darán lo que tú me das. Gracias por permanecer fiel a pesar de mi infidelidad. Dame la confianza para volver y permíteme ver mi gran necesidad de ti. Ayúdame a escapar del engaño que me dice que ya no te intereso, y recuérdame cuán fiel eres, aun en mis peores momentos. Amén.

LECTURAS RECOMENDADAS:

Lucas 15:11–32; Romanos 5:8; Romanos 6:14–18.

Día 26

Fiel en la tormenta

Jamás duerme el que te cuida.

Salmos 121:3b

Son muchas las ocasiones en las que me he encontrado en medio de una tormenta. Algunas han sido relativamente leves y otras seguramente calificarían como huracanes de categoría 5. Aun así, en casi todas esas situaciones he tenido reacciones parecidas: asustarme y hacer un pequeño drama, preocuparme, y luego clamar a Dios y tratar de tranquilizarme con la verdad. Y aunque a lo largo de la vida Dios me ha permitido madurar y crecer en mi confianza en él, en ocasiones todavía me resulta sorprendente la facilidad con la cual olvido que Dios controla todo y le doy rienda suelta a la ansiedad.

Como una persona que lucha con su sensación de seguridad, para mí es importante saber que hay alguien que tiene el control (que el piloto del avión sabe lo que hace, que el médico es el mejor en su especialidad o que la policía de la ciudad cumple con su trabajo). Sin embargo, en el tema de las tormentas de la vida, esta ecuación no siempre funciona. Si bien sé que Dios controla todas las cosas, cuando ante una amenaza me parece que no interviene de la forma en la que espero, tiendo a pensar en medio de mis intensas emociones que quizá no es el mejor para manejar la situación y que debo hacerlo yo. A través de los años he reconocido el error al que me lleva esto, porque al final termino recordando que el Señor siempre sabe lo que hace y nunca ha perdido el control.

En la Biblia encontramos el mejor recordatorio para estos momentos. En Mateo 8 y Lucas 8, y en el capítulo 4 del Evangelio de Marcos, observamos una exposición literal de lo que significa estar en una tormenta con Jesús. Quisiera detenerme en la narración de Marcos 4:35-40 y en los hechos que nos deja saber:

- Jesús fue quien invitó a los discípulos a emprender el viaje.
- Una vez en la barca, Jesús se quedó dormido. Y aun cuando comenzó la tormenta y la barca se inundaba, él siguió descansando.
- La reacción de sus discípulos, sus amigos más cercanos, fue despertarlo desesperadamente para advertirle lo que estaba sucediendo, pero además haciéndole un reproche: «*¿No te importa que nos ahoguemos?*».
- Dependiendo del Evangelio que cuenta la historia, algunos dicen que Jesús primero los reprendió por su falta fe y luego calmó completamente la tormenta. En Marcos, Jesús le ordena al viento y al mar que se detengan, y luego increpa a sus amigos por su falta de fe.

Los discípulos —que convivían y viajaban día y noche con Jesús, que se suponía lo entendían y le creían, que confiaban en él y su autoridad– se desesperaron por dos razones: la tormenta que estaban experimentando y su presunción de que a Jesús no le importaba lo que estaba sucediendo. Ellos fueron sorprendentemente rápidos para asumir lo que Jesús pensaba y por qué hacía las cosas (en este caso, quedarse dormido en medio de una tormenta que amenazaba sus vidas). Tristemente, pensaron lo peor: probablemente a Jesús no le importaba lo que les sucediera.

Por más criticables que sean los discípulos en esta situación, lo cierto es que esto es algo que muchos de nosotros aún hacemos: en medio de nuestros miedos y emociones extremas, asumimos que Dios no está cerca, o que no le importamos porque no reacciona u obra como pensamos que debería hacerlo. Creemos saber por qué Dios parece estar silente o «dormido» cuando más asustados estamos ante una amenaza. De hecho, casi siempre nos parece que Jesús duerme en el peor de los momentos: justo cuando la barca se está inundando debido a la tormenta. En esos instantes, solemos dudar de todo: de su presencia con nosotros, de su bondad, o incluso de su poder para detener la amenaza. *Si no hace lo que yo espero, probablemente no le importo como pensé o quizá no es tan poderoso como dice,* pensamos. ¿Cuántas veces en una tormenta, al igual que yo, le has preguntado a Dios si acaso le importa que estés en peligro?

No obstante, nuestro Señor es profundamente fiel en la tormenta. Y podría decirte, por experiencia propia, que es *particularmente fiel* en medio de ellas. En la parte final de este relato, Jesús reprende al viento y le ordena al mar que se calme, aunque no deja de hacerles ver a sus amigos la debilidad de su fe. Sin embargo, no por ello se niega a obrar a su favor, deteniendo el peligro y exponiendo su poder sobre todo lo creado. La sorpresa final de los discípulos al preguntarse: *«¿Quién es este que hasta el viento y el mar le obedecen?»* (v. 41b), revela la inmensa necesidad que ellos, como tú y como yo, tenían de conocer más y mejor a su Señor.

Aunque aún lucho con mantenerme confiada en la tormenta, sobre todo ante el primer impacto de las olas, puedo dar testimonio de cómo el Señor ha permanecido fiel en todas y cada una de las que he enfrentado en mi vida. Una vez leí en un devocional del ministerio *She Reads Truth* una frase que me ayudó a cambiar mi comprensión en cuanto a este tema:

La seguridad fluye del amor en
devoción, no del ansioso control.

Tu seguridad en medio de la tormenta no se encuentra en tu idea de lo que Dios «debería» hacer para controlar la situación. Por más que quieras, no puedes controlar lo que el Señor hace ni cómo actúa en las tormentas, y eso es una buena noticia. Cuando conocemos quién es Jesús, lo amamos con todo nuestro ser, en especial dándole nuestra confianza. Esto incluye saber que en sus brazos estamos seguros, que Dios es quien reina sobre el diluvio (Salmos 29:10) y que jamás duerme el que nos cuida (Salmos 121:3). Estamos seguros en la tormenta, no porque controlemos todo, sino porque nuestro fiel Dios nos ama profundamente.

No siempre sabremos por qué algunas veces Dios detiene las tormentas rápidamente y en otras ocasiones permite que las atravesemos por un tiempo mayor del que desearíamos. Pero mi alma se siente animada y consolada cuando recuerdo cuán segura estoy en la voluntad y el cuidado de un Dios que tiene el poder absoluto sobre todo y que me ha demostrado cuánto me ama. Medita en esa verdad, porque será un gran consuelo para los momentos difíciles.

Estás seguro en las tormentas porque Dios es fiel a través de cada una de ellas.

TE INVITO A ORAR CONMIGO:

Señor, gracias porque tú has prometido cuidar de mí siempre y estar a mi lado en todos los momentos, incluyendo las tormentas de la vida. Ayuda a mi fe para poder verte tal como eres y por ende encontrar seguridad en tus brazos. Ayúdame también a vencer mi idea de que puedo controlar cómo actúas y a descansar en tu amor y tu soberanía sobre mi vida. Gracias por ser el Dios que tiene poder para detener la tormenta. Amén.

LECTURAS RECOMENDADAS:

Salmos 26; Salmos 121:3; Mateo 8:23-27; Lucas 8:22-25; Marcos 4:37-40.

Día 27

Fiel en tu realidad

Dios dispone todas las cosas para el bien de quienes lo aman, los que han sido llamados de acuerdo con su propósito.

ROMANOS 8:28

LA MAYORÍA DE LAS PERSONAS, en especial las mujeres, viven con una tendencia a tener ideales y expectativas muy altas acerca de lo que quieren que sea su vida, específicamente de cómo se verán sus anhelos más profundos cuando se hagan realidad. Algunos soñamos con grandes logros, con cómo será la vida cuando finalmente alcancemos eso tan deseado en nuestra área académica o laboral. Otros hemos imaginado cómo será nuestra vida familiar ideal una vez que lleguemos a casarnos: esa pareja maravillosa tan anhelada, nuestra casa y los hijos perfectos. Existen también personas que sueñan con ese día en el que al fin logren mudarse de ciudad, o sus padres o hermanos cambien, o simplemente haya más dinero y más posibilidades.

Debido a mi historia y mi personalidad, por muchos años no solo he tenido altísimos ideales y expectativas con respecto a todo, sino que mis deseos a veces tocaban lo fantasioso, muchas veces para escapar mentalmente de realidades mucho más crudas que viví de niña o joven. Por eso, una parte importante de la madurez que Dios ha producido en mí ha sido el desprenderme del idealismo para abrazar la realidad. No ha sido fácil, pero he entendido la importancia de esto y la diferencia que ha hecho en cómo experimento la vida. También ha sido difícil porque hoy en día las expectativas desmedidas son una constante invitación del mundo: debemos «romantizar nuestra vida» como un escape a la realidad, una forma de «manifestar» lo que queremos y un rechazo de lo negativo en ella.

Tener ideales y expectativas no es algo malo. Podría decirse que es una cosa sana y hasta natural. Y, cuando hemos llegado a los pies de Cristo, podemos tener un alto estándar de lo que esperamos, justamente porque vivimos con una esperanza que sobrepasa toda expectativa que podamos abrigar en nuestras limitadas mentes. Sin embargo, es muy necesario ser conscientes de dos verdades.

La primera es que nada en este mundo será exactamente lo que esperamos. Más bien, podríamos decir que nada nos satisfará tan profundamente como creemos que lo hará, a menos que se trate de Dios mismo. Aceptar esto nos ayuda a entender que nuestro descanso no puede estar en que las cosas resulten como las imaginamos, sino en que Dios es el Dios de nuestra realidad, quien ha dispuesto y provisto las cosas tal como son, por amor y para su gloria.

La segunda es que al vivir excesivamente enfocados en lo que «debería ser», corremos el riesgo de perdernos la bendición de lo que es: el regalo de la realidad que nos ha sido dada. Sí, es cierto que hay épocas difíciles y tiempos de prueba donde es difícil apreciar la realidad, pero muchas veces podemos perder de vista la belleza, la bendición y las oportunidades que Dios nos regala en nuestro hoy porque estamos demasiado enfocados en la expectativa de un estándar de perfección que solo se construyó en nuestra mente (y en ocasiones con la ayuda de las películas o las redes sociales).

Salmos 139:1-3 dice: *«Señor, tú me examinas y me conoces. Sabes cuándo me siento y cuándo me levanto; aun a la distancia me lees el pensamiento. Mis trajines y descansos los conoces; todos mis caminos te son familiares»*, mientras que Romanos 8:28 nos recuerda que *«Dios dispone todas las cosas para el bien de quienes lo aman, los que han sido llamados de acuerdo con su propósito»*. Estas son revelaciones muy poderosas y útiles para saber cómo debemos pensar acerca de nuestra realidad y tener la medida correcta de idealismo. Si tenemos un Dios que conoce todo nuestro mundo interno y externo, sabemos que es un Dios cercano y soberano. Además, se nos dice que él dispone todas las cosas (todo lo que sucede, todo lo que es de determinada forma en nuestra vida) para nuestro bien porque lo amamos, y que todo eso se alinea con los propósitos a los que hemos sido llamados.

Podemos abrazar nuestra realidad y no perdernos en el idealismo de la fantasía o las expectativas, porque Dios nos ama y él es fiel en nuestra realidad. Podemos confiar en su fidelidad, que se expresa al saber, conocer y estar presente en todo lo que nos ocurre y en nuestras circunstancias. Podemos apreciar las cosas por lo que son y no por lo que deberían ser, ya que hemos confiado en que Dios sabe lo que hace. *Siempre podremos orar por cambios y mejoras, pero con el corazón anclado en su fidelidad.*

En la práctica, esto implica que debemos enfrentar la vida como lo que es: una vida eterna que por ahora experimentamos en un mundo caído. Por eso, por medio del Espíritu Santo, podemos vivir disfrutando los pedazos de cielo mientras recordamos que para esas «dosis de mundo caído», Dios está presente y activo. No necesitamos perdernos en estándares inexistentes de perfección, porque Dios es fiel en nuestra realidad.

C. S. Lewis, en su libro *Mero cristianismo*, afirmaba: «Si encuentro en mí mismo un deseo que nada de este mundo puede satisfacer, la explicación más probable es que fui hecho para otro mundo. Si ninguno de mis placeres terrenales lo satisface, eso no demuestra que el universo es un fraude. Probablemente los placeres terrenales nunca estuvieron destinados a satisfacerlos, sino solo a excitarlos, a sugerir lo auténtico».

Cuando la realidad nos parezca muy imperfecta y sintamos que nuestro corazón solo desea más, alejémonos de la frustración y pongamos nuestros ojos en la realidad eterna que Cristo nos promete. Fuimos hechos para otro mundo. Mientras tanto, su fidelidad es suficiente.

TE INVITO A ORAR CONMIGO:

Padre celestial, gracias por darme sueños y aspiraciones que evidencian que me creaste para más: para una vida eterna junto a ti. Mientras ese día llega, ayúdame a caminar en tus propósitos mirándote a ti y no a un estándar o ideal para esta vida. Recuérdame que controlas todos los pormenores y que puedo descansar en lo que haces y permites en mi realidad. Gracias por ser fiel en cada detalle. Amén.

LECTURAS RECOMENDADAS:

Salmos 139; Romanos 8:28; Mateo 10:29-31.

Día 28

Fiel en los días de gozo

No se entristezcan, porque la alegría del SEÑOR es la fortaleza de ustedes.

NEHEMÍAS 8:10b (NBLA)

HAY DÍAS DE PURA FELICIDAD, en los que tenemos la libertad de alabar, celebrar, reír y experimentar el gozo de Dios en todo nuestro ser. El día en el que me casé con mi esposo fue una de esas ocasiones para mí. Pero, aunque suene extraño, experimentar el gozo que se me estaba regalando ese día requirió de una lucha en mi mente, una lucha de fe por creer en la bondad de Dios.

A lo largo de mi vida había soñado muchas veces con el día de mi boda. No obstante, por mucho tiempo se sintió como si casarme fuera un sueño que se alejaba cada vez más de mí. Desde que comencé a soñar con casarme hasta el día en el que efectivamente eso sucedió ocurrieron muchas cosas que no siempre fueron fáciles: pruebas, sufrimientos y clamores por milagros. Hoy puedo ver la continua fidelidad de Dios en cada uno de esos días, meses y años que transcurrieron hasta que ese anhelo se hizo realidad. Aun en los momentos más oscuros, Jesús nunca soltó mi mano y obró activamente para que yo pudiese ser transformada más y más a su imagen en medio de tantas pruebas, e incluso a pesar de mis caídas y errores. Dios renovó mi esperanza en él a través de cada obstáculo, demostrándome que sus planes y propósitos tienen la última palabra siempre.

Durante el proceso de planificación de la boda, aunque sería un evento sencillo, recuerdo que con frecuencia me encontraba ansiosa e intentando adivinar qué podría salir mal. Mi mente creaba escenarios negativos, los cuales abarcaban desde la preocupación porque la comida y la decoración estuvieran bien ese día hasta la posibilidad de que nos ocurriera algo malo a alguno de los dos. Pronto me di cuenta de que buscaba un defecto, un problema o un peligro para poder inquietarme. Erradamente, había hecho de la preocupación un lugar conocido para mi alma. A mi mente cuidadosa y preventiva le costaba creer que podía disfrutar y descansar en un día tan especial, pero la verdad es que solo estaba enfocándome en mi inútil necesidad de controlar todas las cosas.

Me costó descansar en la bondad del Señor en el transcurso de esa temporada hasta que habló fielmente a mi vida, recordándome que él creó días para celebrar, gozarnos y simplemente alabar al Señor por lo bueno. En Eclesiastés 3:4 encontramos este recordatorio: *«Hay un tiempo para llorar y otro para reír; un tiempo para estar triste y otro para bailar de alegría»* (PDT). Hay un tiempo, una temporada, para cada experiencia y emoción de la vida. Y así como aceptamos que en la vida debe haber espacio para llorar y lamentarnos, igualmente debemos recibir los momentos de puro gozo, en los que el Señor nos da pequeñas muestras del cielo y la eternidad.

Un par de meses antes del día de mi matrimonio leí Nehemías 8, donde Dios le da un mensaje claro a su pueblo al exhortarlos a dejar de lamentarse y preocuparse. Él les da una instrucción clara en cuanto a que más bien debían alegrarse y regocijarse, porque su fuerza provenía del gozo de Dios. Podían confiar en su plan, en que él controla todas las cosas, y en que ese día había sido pensado para que celebraran con alegría. ¡No era el momento de afligirse!

Esa verdad cambió mi perspectiva, ofreciéndome descanso y celebración durante esa temporada: podía gozarme en el bien que mi Dios había traído a mi vida al permitirme formar una nueva familia y alabarlo en voz alta por la fidelidad de su presencia y la bondad de cumplir mis anhelos.

Aquel 17 de junio de 2018 es uno de los recuerdos más dulces que atesoro, porque sentí la cercanía, la ternura y la paternidad de un Dios que celebraba conmigo la inmensa alegría de comenzar una familia al lado de mi esposo. Ese día pude cantar, reír, llorar de emoción, comer y compartir con personas amadas, viendo la fidelidad de Dios en medio de mi alegría. Le doy gracias al Señor por no dejarme hundir en mi tendencia a la preocupación y abrir mis ojos al regalo de su gozo ese día.

En ocasiones, podemos llegar a estar tan absortos en los problemas, el pasado o las realidades difíciles, que olvidamos que Dios es también el Dios de nuestro bien, el creador del gozo y el disfrute. El Señor ha provisto muchos momentos de alegría y celebración para nosotros, en medio de los cuales probamos y vemos su bondad y somos afirmados en la promesa de una eternidad sin dolor. Esos días y épocas también nos infunden aliento y ánimo para seguir adelante en otros momentos de la vida en los que experimentamos mayor incertidumbre o dificultades.

Debido a la obra de Cristo en y por nosotros, podemos descansar en esos días llenos de gozo y celebrar al máximo, dándole gloria al Señor por todo porque sabemos que vivimos un adelanto de la gloria venidera a su lado.

Dios es fiel en tu gozo y puedes alegrarte sin preocupación en esos días donde sale el sol.

TE INVITO A ORAR CONMIGO:

Señor Jesús, gracias porque todo gozo, toda alegría y todo disfrute verdadero de este mundo vienen de ti. Gracias por regalarme momentos de felicidad en los que puedo experimentar tu bondad. Ayúdame a no complicar la vida de más. Enséñame a no buscar lo negativo, sino a ver el mundo y tus bendiciones con agradecimiento y gozo. Gracias porque, en ti, puedo descansar cada día, disfrutar el gozo de los momentos hermosos que provees y reírme sin temor al futuro. Amén.

LECTURAS RECOMENDADAS:

Nehemías 8, 12:27–47; Eclesiastés 3; Proverbios 31:25.

Día 29

Fiel para mostrar su luz

Hagan brillar su luz delante de todos, para
que ellos puedan ver
las buenas obras de ustedes y alaben
a su Padre que está en los cielos.

MATEO 5:16

LA NOCHE PREVIA AL DÍA de mi boda viví una experiencia que guardo con mucho cariño en mi corazón. Varias de mis amigas vinieron desde distintas ciudades del mundo para acompañarnos en ese día tan especial. Me sentí muy contenta y bendecida de poder estar rodeada de muchas de las personas que habían sido parte importante de mi vida en sus distintas etapas; personas que me habían visto estudiar, trabajar, reír, llorar y crecer, estando presentes en mis momentos altos y bajos.

Esa noche pudimos reunirnos para cenar, compartir y reencontrarnos. Una de mis amigas tomó la iniciativa de otorgarle la palabra a cada una de las presentes con el fin de que pudieran decir algo sobre nuestra amistad, nuestra historia y sus deseos para mí de cara a esa nueva etapa que comenzaría. Algo importante a mencionar es que este grupo de amigas maravillosas era «espiritualmente híbrido». Lo que quiero decir con esta expresión tan inusual es que no todas las personas presentes eran cristianas, ya que habían sido amistades de mi época del colegio, la universidad o mi entorno laboral por varios años. Algunas me conocieron sin ser cristiana; otras fueron testigos de varias etapas muy inmaduras de mi vida, como la universidad, donde vivía mi fe de una manera excesivamente tibia y convertía mis metas en ídolos. Un par de esas amigas me acompañaron en mis años de crecimiento laboral, sobre los que me avergüenza decir que a pesar de haber sido una buena trabajadora, no siempre di un buen testimonio con mi conducta y relaciones interpersonales, y en muy pocas oportunidades compartí el mensaje de Cristo con mis colegas.

Por todo esto, lo que sucedió esa noche al escuchar a mis amigas dedicarme sus amables palabras me tomó completamente por sorpresa. Más que enfocarme en los halagos o las opiniones positivas sobre mí, lo que más me impactó esa noche fue el común denominador en cada una de sus intervenciones: pese a que algunas no compartían la fe cristiana, todas destacaron cuánto apreciaban lo importante que eran mis creencias para mí y cómo intentaba reflejarlas en mi vida a lo largo de los años. Algunas mencionaron que gracias a nuestras conversaciones se replantearon su propio camino de fe, y una afirmó que, gracias a mi ejemplo, decidió acercarse más a Dios. En medio de sus amables palabras, todas decían, de una forma u otra, que podían ver cómo lo positivo en mí venía de la relación que tenía con Dios.

Quiero insistir una vez más en el nivel de sorpresa que me causaron todas sus palabras, porque siempre que pensaba en mi recorrido universitario y laboral, me arrepentía (y aún me arrepiento) de cómo me conduje durante muchos de esos años, en los que para nada fui ni me sentí «la sal y la luz del mundo». Como ya mencioné, cometí demasiados errores, relativizando, escondiendo o relegando mi fe en el Señor.

Sin embargo, esta experiencia me enseñó acerca de cómo funciona la luz que habita en nosotros, lo cual hace que seamos llamados de esa forma. En Mateo 5:14-15 encontramos una poderosa afirmación acerca de nuestra identidad: *«Ustedes son la luz del mundo. Una ciudad en lo alto de una montaña no puede esconderse. Tampoco se enciende una lámpara para cubrirla con una vasija. Por el contrario, se pone en el candelero para que alumbre a todos los que están en la casa»*.

La Biblia nos dice que, cuando Cristo llega a nuestra vida, pasamos de muerte a vida, de injusticia a justicia, de las tinieblas a la luz. Por su gracia, somos sellados con su Espíritu para vivir con esperanza y atisbos de bondad en un mundo que no lo conoce y se dirige a la perdición sin él. Y esto quiere decir al menos dos cosas: primero, que esa vida, esa justicia y esa luz no provienen de nosotros mismos ni de nuestra fuerza interior, sino de Cristo; y segundo, que cuando pasamos a pertenecerle, esa nueva condición va a dar un fruto inevitable que las personas notarán.

Por supuesto, esto no quiere decir que no sea posible contristar al Espíritu Santo (Efesios 4:30) ni que ser cristianos se va a traducir automáticamente en mostrar una conducta perfecta y un testimonio impoluto, y la historia que te he compartido es un ejemplo de ello. No obstante, Dios es tan fiel que decide poner su Espíritu en nosotros y usarnos como instrumentos de justicia, incluso cuando nuestros méritos no nos califican para ello. Su luz brilla aun a través de nuestra imperfección y nuestras fallas, porque eso es lo que Cristo es: el resplandor innegable de todo lo bueno y todo lo verdadero.

Esa noche, no pude evitar pensar en 2 Corintios 4:7, donde dice que *«tenemos este tesoro en vasijas de barro para que se vea que tan sublime poder viene de Dios y no de nosotros»*, dándome cuenta de cuán cierto es que el Señor cumplirá su propósito aun a pesar de nuestras fallas. Y esto, lejos de ser una excusa para justificar el pecado o quedarnos tal como estamos, debe ser un aliciente para amar, obedecer y parecernos más al Dios que es capaz de convertirnos en la luz y la sal de este mundo en tinieblas.

El Señor es siempre fiel para mostrar su luz a través de ti. Por eso, no dejes que el peso de tus errores y pecados, clavados ya en la cruz, te impida ver la obra que él ha hecho en y a través de ti. Por el contrario, gózate en ser una vasija de barro para su gloria y camina con la convicción de que su luz brilla a través de ti.

TE INVITO A ORAR CONMIGO:

Padre de las luces, te doy gracias por alcanzarme cuando me encontraba lejos y por transformar mi vida completamente. Gracias por hacerme partícipe de tu obra incluso cuando he fallado y pecado. Gracias porque, aun así, tú completarás la obra que comenzaste en mí para que todos puedan verte, escuchar de ti y, por tu gracia, llegar a creer. Te pido que no permitas que subestime el poder que tu presencia tiene en mí a fin de impactar las vidas de otros para tu gloria. Amén.

LECTURAS RECOMENDADAS:
Mateo 5:14-16; Efesios 4:30; Gálatas 6:9.

Fiel para ser tu compañero

Día 30

Y les aseguro que estaré con ustedes siempre,
hasta el fin del mundo.

MATEO 28:20b

HACE MUCHOS AÑOS tuve la oportunidad de visitar la ciudad de París por primera vez. Fue maravilloso poder cumplir ese sueño, y la experiencia no me decepcionó en lo más mínimo. En mi opinión, París nunca será una ciudad sobrevalorada, como algunos afirman. Su belleza puede verse en cada esquina y cada aspecto de su tradición. Incluso en sus áreas más abandonadas o en la modernidad que intenta colarse en medio de la arquitectura tradicional, no pude dejar de encontrar alguna huella de belleza y arte. Así que, como podrás imaginar, mi primer encuentro con esa ciudad me marcó y me llenó el corazón.

No obstante, resulta que esa primera visita sucedió en el marco de una historia romántica personal que meses después me vi obligada a olvidar. Y puede que suene tonto, pero algo que me dolía muchísimo era que mis memorias de esa ciudad –mi favorita absoluta entre las que conocía– estuvieran tan asociadas a una historia que quería y necesitaba olvidar.

Así que no hubo más fotos ni recuerdos que pudiera atesorar, porque debía borrarlo todo, aunque soñaba con volver y construir nuevos recuerdos en esa ciudad algún día.

Un par de años más tarde, Dios me dio un regalo que nunca olvidaré: visitar la ciudad de nuevo. Esta vez, aunque pude compartir momentos puntuales con un par de amigas, fue una experiencia que viví completamente sola. Si bien este es un viaje que todavía atesoro —en el que tomé las mejores fotografías, volví a visitar lugares históricos para reconstruir mis recuerdos sin asociaciones negativas y, en general disfruté mucho— durante todo el recorrido estuve llena de una fuerte nostalgia. No se trataba ya de la relación perdida, sino de cuánto me abrumaba observar tanta belleza y no tener con quién compartirla. Cada esquina me parecía tan poética, ideal y artística, que sentía que la ciudad no estaba hecha para contemplarla en soledad. ¡Y vaya que me sentía sola! Por ende, ese viaje en concreto fue uno muy agridulce. Solo podía pensar: *¿De qué sirve tanta belleza y tener la libertad de disfrutarla, si no tengo a nadie con quien compartirla?* En esa época, me era sumamente fácil encontrar una manera de sentirme miserable, ya que estaba soltera y no sabía si Dios cumpliría mi anhelo de casarme para nunca más estar sola.

Lamento decir que en ese tiempo era completamente incapaz de ver una verdad que brilla como el sol: cuando estamos en Cristo, jamás estamos solos. Sí, necesitamos de otros para crecer y florecer, pues las relaciones interpersonales son completamente vitales, pero esta necesidad no se satisface solo con el matrimonio. Mi idolatría hacia el matrimonio y el amor romántico me impedían comprender que Dios me estaba dando la oportunidad de construir nuevos recuerdos, no en soledad, sino junto al verdadero amor de mi vida: él. Mi enfoque en lo equivocado me impedía ver que el Creador de tanta belleza –la natural y la producida por las manos que él había capacitado para producir tanto arte– era quien caminaba conmigo en ese viaje.

El Señor quería mostrarme cómo mi corazón podía ser lleno, completo y restaurado en él. Dios tomaba mi mano cuando nadie más lo estaba haciendo, cuidaba de mí como yo soñaba que lo hiciera un esposo, y me daba la vista y la sensibilidad para apreciar lo que tenía frente a mis ojos. *No estaba sola en ese viaje.* Sin embargo, así lo creía y lo sentía. Me resistía a ver a Dios y me enfocaba en lo que no tenía. Estaba convencida de que era algo creado, alguna de sus criaturas, lo que podía acompañarme y llenarme, más de lo que ya lo hacía mi Creador.

Esto nos ocurre a muchos porque creemos que un sueño cumplido o una experiencia nos darán esa plenitud tan anhelada, o que solo estaremos *realmente* acompañados cuando tengamos una familia propia o más amigos. Pensamos que en el momento en que podamos comprar esa casa, casarnos con la persona soñada, lograr ese ascenso o tener a ese bebé, entonces podremos parar, disfrutar y experimentar la vida plena que Dios nos ha dicho en su Palabra que es nuestra. Pero lo que sucederá al seguir esa fórmula es que nos quedaremos atrapados en un ciclo de persecución de objetivos y personas que jamás nos llenarán del todo. Muchos hacen cosas para no sentirse solos, negocian sus principios y hasta quiénes son en Cristo, olvidando que desde el inicio han tenido a un Padre que nunca los ha abandonado.

Esa fui yo por muchos años. Esta creencia antibíblica me llevó a desaprovechar experiencias y por un tiempo me impidió crecer en mi intimidad con mi Dios. No obstante, por su gracia, pude finalmente comprender que nunca había estado sola y que la presencia de Dios me acompaña siempre. Pude entender que era verdad que el Señor marchaba al frente de mí, que estaría conmigo y jamás me dejaría (Deuteronomio 31:8).

Hoy quiero recordarte que Dios está contigo no solo como una realidad abstracta, sino como una *presencia real, protectora y fiel.* En ocasiones, el Señor provee la compañía y la ayuda de otros (cónyuge, familia, amigos, iglesia), pero en otros momentos la experiencia de caminar «solo» será tu mayor bendición, porque lo experimentarás a él cuando no puedas distraerte con nada ni nadie más. ¡Ese es tu tesoro, del cual vienen todas las demás bendiciones!

Para cerrar la historia que comencé, diré que unos seis años más tarde regresé a París durante mi luna de miel. Fue una hermosa experiencia caminar con mi esposo por aquellas calles tan amadas por mí, compartir con él los museos, las obras de arte y la cultura que se respiraba en la ciudad. Pero también puedo decir que, para ese momento, tomar la mano de mi esposo no era ya mi objetivo máximo, sino la expresión de una dádiva que Aquel que siempre me había acompañado había decidido darme. Y desde la plenitud de saberme acompañada siempre por mi Dios, ahora podía compartir la vida y su belleza con alguien más.

Dios es fiel para ser tu compañero en esta vida. Muchas temporadas y personas vendrán y se irán, pero Cristo es tu Roca firme y ha prometido permanecer contigo y no dejarte jamás. Puedes contar con esa verdad.

TE INVITO A ORAR CONMIGO:

Señor, gracias porque cuando dijiste que estarías conmigo siempre, hasta el fin del mundo, decías la verdad. Gracias porque tu presencia es absolutamente real y puedo saber que nunca experimentaré la soledad pues estás conmigo. Oro para que transformes mi mente y me permitas ver cuáles han sido mis creencias equivocadas y si he aceptado alguna mentira que no proviene de ti. Muéstrame todas las formas en las que estás conmigo, y permíteme crecer en dependencia e intimidad en tu presencia, que no se aparta de mí jamás. Amén.

LECTURAS RECOMENDADAS:

Deuteronomio 31:8; Josué 1:9; Mateo 28:20.

Fiel para proveer

Olviden las cosas de antaño; ya no vivan en el pasado. ¡Voy a hacer algo nuevo! Ya está sucediendo, ¿no se dan cuenta? Estoy abriendo un camino en el desierto y ríos en lugares desolados.

Isaías 43:18-19

Hace poco, mi esposo y yo cumplimos siete años de casados. El día de nuestro aniversario tuvimos la oportunidad de salir a cenar para celebrar y pasamos un tiempo recordando nuestra historia: cómo Dios permitió que nos cruzáramos, nos guio, ayudó y proveyó a lo largo de toda nuestra relación. Hoy me gustaría compartir contigo una parte de esa milagrosa historia.

Mi esposo llegó a mi vida de la manera más improbable. En esa época, no era tan común ni tan aceptado conectarte con un perfecto extraño por medio de las redes sociales, pero la verdad es que en nuestro caso así sucedió. Todo comenzó con una solicitud en Facebook que él envió (teníamos amigos en común por estar ambos vinculados al mismo ministerio evangelístico), lo cual nos llevó unas semanas después a intercambiar mensajes casualmente. Yo me encontraba viviendo en mi natal Caracas y él en una ciudad pequeña de Colombia, y a medida que nuestra conversación avanzaba, se hacían claras otras diferencias, como la edad y el entorno.

Sin embargo, también comenzaron a resaltar muchas cosas en común que hacían que este «chat casual» fuera dejando de ser tan irrelevante: compartíamos el amor por Cristo y la determinación de servirlo con todo nuestro tiempo, la pasión por las grandes preguntas teológicas de la vida y, tal como lo fuimos descubriendo, muchos valores e intereses mutuos. Luego de que la relación se formalizara y tuviéramos la oportunidad de conocer en persona el entorno de cada uno, empezamos a hablar sobre el futuro en forma de planes. Por medio de una serie de sucesos completamente providenciales, pude mudarme a Colombia (aunque no a la misma ciudad), nos comprometimos, y a los meses nos casamos en un día que fue mejor que todo lo que había soñado al respecto. Hoy tenemos siete años unidos ante Dios, un hijo de tres años de edad, y dos ministerios a través de los cuales intentamos servir al Señor con todo nuestro ser.

Nuestra vida y nuestra relación están muy lejos de ser perfectas, pero es muy claro cómo Dios nos ha sostenido, llamado, bendecido y provisto al uno para el otro a lo largo de esta historia. De ninguna manera quisiera presentar esta experiencia como si el proceso no hubiese requerido de oración, sabiduría y toma de decisiones maduras y racionales, porque así fue. Sin embargo, la provisión de Dios fue algo tan evidente a lo largo de toda esa época, que para mí su mano proveedora es la protagonista de la historia. Dios posibilitó nuestro encuentro, nos dio sabiduría para conocernos y evaluarnos, abriendo puertas y proveyendo los recursos financieros, los tiempos adecuados y el apoyo de otros a nuestro alrededor.

Quise hacer un recuento de todo esto porque me permite compartir cómo se trató de una provisión milagrosa y fiel de Dios para mi vida, particularmente en un contexto donde yo solo veía «desierto y soledad» (en referencia a Isaías 43:18-19). Por muchos años llegué a vivir una soltería llena de desesperación y resentimiento, en gran parte porque idolatraba la idea del amor romántico y el matrimonio. Tuve ideales y expectativas que reflejaban el estado de mi corazón idólatra por mucho tiempo, hasta que el Señor fue llenándome más de sí mismo y confrontando mis creencias con lo que su Palabra afirma. Gracias a ello, a mis treinta años comencé a reconocer que el matrimonio, aunque constituye un buen anhelo, no es un requisito para vivir la vida cristiana a plenitud ni una señal de mi valor o la bendición de Dios. Y aunque mi deseo de casarme siguió presente en mis oraciones, aquel fue un despertar hermoso que me permitió comenzar a experimentar lo que era realmente la vida abundante y que además hizo nacer el ministerio digital en el que todavía sigo sirviendo.

Aun después de ese crecimiento en el Señor, pasaron años para que mi esposo y yo tuviéramos la oportunidad de encontrarnos y escogernos mutuamente. Incluso luego de mi entendimiento de lo que era la vida plena en Cristo, seguí viviendo lo que me parecía un desierto. Hasta que un día, tan casualmente como llega un mensaje a nuestro buzón, llegó mi esposo. Dios proveyó con abundancia en medio del gran desierto que había existido por muchos años. Porque él así lo quiso y porque él es fiel.

Muchas veces pensamos en la palabra «provisión» en un sentido netamente financiero. No obstante, la provisión de Dios abarca mucho más que eso. La idea de lo que Dios provee se amplía significativamente cuando partimos del hecho de que su mejor provisión fue nada menos que su Hijo: *«El que no escatimó ni a su propio Hijo, sino que lo entregó por todos nosotros, ¿cómo no habrá de darnos generosamente, junto con él, todas las cosas?»* (Romanos 8:32).

Su abundancia y plenitud nos son provistas cada día, por eso vivimos con la convicción de que el Señor nos da lo que necesitamos cuando lo necesitamos. Siempre podemos acudir a él con nuestras necesidades y anhelos, dejándolos en sus poderosas manos, y entonces nuestro Señor responde según su perfecta voluntad para nosotros. Dios provee paz, ánimo, esperanza, oportunidades, sueños, sanidad, resistencia, serenidad y hasta personas cuando sabe que es la provisión necesaria. ¡No hay límites para lo que Dios es capaz de proveer a tu vida! Limitar lo que él puede hacer, o pensar que ya conocemos y predecimos exactamente cómo piensa y de qué forma obrará, es una decisión ingenua que además puede impedir que nuestra fe crezca.

Esa provisión ha sido una marca firme de su mano sobre nuestra familia misionera –la cual ha pasado por más de cinco mudanzas, una vida en tres idiomas, retos de infertilidad, enfermedad y dependencia financiera del Señor para servir en su obra– y su fuente jamás se ha agotado para nosotros. Por lo tanto, puedo dar testimonio de que el Señor provee y recordarte hoy que nuestro Padre es fiel para darte todo lo que sabe que te hace falta. No te desesperes ni te ahogues en el clamor para hacer realidad tus anhelos; más bien, confía en el proveedor de todas las cosas. Dios es fiel y te proveerá todo lo que necesitas.

Quisiera cerrar esta reflexión con la frase de una de mis heroínas en la fe, Elisabeth Elliot, la cual me ha ayudado a perseverar cuando la incertidumbre amenaza mi confianza en cuanto a lo que Dios proveerá para mi vida:

«La voluntad de Dios nunca es exactamente lo que esperamos. Al principio, puede parecer mucho peor, pero al final termina siendo mucho mejor y mucho más grande».

TE INVITO A ORAR CONMIGO:

Señor, quiero hoy agradecerte por toda la provisión que has traído a mi vida, comenzando por la que cubrió mi más grande necesidad: tu Hijo. Gracias por todas las formas en las que me has dado lo que necesito, y por cómo tus «no» también me han provisto de bendiciones que no siempre veo. Permite que mi fe sea incrementada por medio de la confianza en tu verdad, para que pueda creer que tú proveerás en medio de cualquier desierto de mi vida según tu preciosa voluntad. Amén.

LECTURAS RECOMENDADAS:

Isaías 43:18-19; Romanos 8:32; 1 Juan 4:9-10.

Día 32

Fiel en todas las posibilidades

¿Puede una madre olvidar a su niño de pecho
y dejar de amar al hijo que ha dado a luz?
Aun cuando ella lo olvidara,
¡yo no te olvidaré!

Isaías 49:15

Estoy segura de que si eres madre o padre sería difícil no estar de acuerdo conmigo en esto: tener hijos nos hace experimentar simultáneamente las emociones más extremas y contradictorias. Amamos tanto a esas pequeñas personas que sentimos como si nuestro corazón aumentara de tamaño y, aun así, en él no cupiera tanto gozo por tenerlas. Sin embargo, de alguna forma ese mismo corazón se llena de angustias, preocupaciones y miedos, los cuales parecen proporcionales al amor que sentimos por nuestros hijos.

Por más que soñé con la maternidad desde que tengo memoria, nada ni nadie me preparó para aceptar que en mí coexistirían emociones tan fuertes, opuestas e inevitables al convertirme en mamá. La mayor parte del tiempo me siento feliz, preocupada, agradecida y agotada en medio de la crianza. Todo al mismo tiempo. Y si alguna vez había sido consciente de lo frágil y vulnerable de la vida, ahora es algo en lo que pienso diariamente por medio de infinitas preguntas: *¿Mi hijo tendrá siempre buena salud? ¿Tomará buenas decisiones? ¿Algún día comerá brócoli? ¿Seguirá a Cristo? ¿Se romperá un brazo cuando esté en la primaria? ¿Estará siempre conmigo? ¿Podré estar siempre con él?*

Las vidas de nuestros hijos (su presente y su futuro) son unas de las cosas que más nos importan en el planeta, y al mismo tiempo sobre las cuales tenemos menos control. Por ello, me doy cuenta de que esta es una de las experiencias que más me ha mostrado mi inmensa necesidad de confiar y descansar en Dios. Realmente, como padres, no tenemos opción sino confiar. Siendo nuestros hijos un tesoro tan preciado para nosotros, sus padres, es común que nos digamos a nosotros mismos: «No hay nada que temer, todo estará bien siempre. Confiemos». Y sí, eso es parcialmente cierto. No debemos temer y debemos confiar. Pero, ¿en qué exactamente estaríamos confiando? ¿En que todo siempre estará bien con nuestros hijos? Sabemos que en esta vida no existen garantías de que todo estará bien siempre, al menos no de este lado de la eternidad. Algunas familias viven tragedias, accidentes, pérdidas o pruebas que afectan a sus hijos. Esa es la dura realidad. Y debo confesar que esta siempre ha sido una verdad con la que lucha mi corazón de mamá. A veces, he sentido que camino llevando sobre mis hombros todo el peso de las posibilidades. Las preguntas *«y si»* me presentan cientos de escenarios que me quitan todo posible descanso. Si no podemos confiar en que todo siempre estará bien con nuestros hijos, ¿en dónde depositar entonces nuestra confianza? ¿Cómo transitar la maternidad o la paternidad y la vida conociendo su gran fragilidad, en especial para nuestros pequeños?

La única respuesta certera a estas preguntas se encuentra en el carácter de Dios. La Escritura declara que «*Dios es nuestro* refugio *y nuestra* fortaleza, *nuestra segura* ayuda *en momentos de angustia. Por eso, no temeremos aunque se desmorone la tierra y las montañas se hundan en el fondo del mar; aunque rujan y se encrespen sus aguas, y ante su furia retiemblen los montes*» (Salmos 46:1-3, énfasis añadido). El hecho de que Dios sea nuestro refugio y fortaleza, y no las circunstancias ni el bienestar de nuestros hijos, es lo que nos da esperanza. Es debido a esto que, aunque las posibilidades y las vulnerabilidades son muy diversas en las vidas de nuestros pequeños, sabemos que Dios está junto a nosotros, ayudándonos y sosteniéndonos. Además, él es un Dios amoroso que sabe lo que hace y permite. Aunque se desmoronara la tierra y las montañas se hundieran, aun si tus peores temores acerca de tus hijos ocurrieran, Dios estaría contigo, sería tu ayuda y te sostendría.

Es imposible caminar esta vida y vivir la experiencia de ser padres llevando sobre nosotros todo el peso de las posibilidades, las vulnerabilidades y los riesgos. Tampoco podemos negar que la realidad de un mundo caído afectará a nuestros hijos de una forma u otra. Y no sería realista aferrarnos a la seguridad de ninguna circunstancia. Sin embargo, podemos caminar confiados, no porque tengamos certezas plenas acerca del presente y el futuro de nuestros hijos, sino porque conocemos al Señor: un Dios bueno, cercano y poderoso que venció al mundo y ha prometido transitarlo con nosotros. Él es un Dios fiel, cuya fidelidad alcanza cualquier posibilidad que nuestra inquieta mente pueda llegar a imaginar.

TE INVITO A ORAR CONMIGO:

Señor, quiero darte infinitas gracias por el regalo inmerecido de los hijos. Nadie mejor que tú conoce y entiende la magnitud de este amor. También conoces el resto de emociones humanas que a veces nos dejan sintiendo temor, ansiedad o preocupación por nuestros hijos. Ayúdame a ver cómo eres fiel en medio de la realidad y la vulnerabilidad de la existencia humana. Ayúdame a descansar en tu carácter amoroso y tu control soberano sobre mi vida y la de mis hijos. Amén.

LECTURAS RECOMENDADAS:

Isaías 49:15; Salmos 46; Juan 16:33.

Día 33

Fiel para que descanses en él

De oídas había oído hablar de ti, pero ahora te veo con mis propios ojos.
Por tanto, me retracto y me arrepiento en polvo y ceniza.

JOB 42:5-6

HACE MÁS O MENOS TRES AÑOS viví varias situaciones de manera consecutiva que crearon traumas fuertes en mí. No era que antes en mi vida no hubiese sufrido o tenido experiencias difíciles, pero la severidad de estas circunstancias me marcó particularmente. El nacimiento de mi hijo fue todo, menos lo que yo esperaba. Lejos de ser la experiencia tan anhelada, dulce y memorable que había soñado toda mi vida, se convirtió en un recuerdo de días oscuros luchando por mi vida y llenos de mucha angustia. Y tan solo unos meses después, viví dos episodios aterradores con respecto a la salud de mi hijo, que apenas cumplía un año.

Seré honesta. Ese año derrumbó mi mundo y afectó mi relación con Dios por demasiado tiempo. Si bien mi expectativa nunca ha sido la de tener una vida perfecta, no podía creer que el Dios que conocía, amoroso, poderoso, fiel y cercano, hubiera desatendido mis oraciones como aparentemente lo había hecho. Mi mente no alcanzaba a concebir que el Dios que me conocía hubiese permitido una situación traumática tras otra, sabiendo perfectamente que yo no podría soportarlo. No recuerdo haber luchado tanto con una idea en mi mente y mi corazón.

Todo esto creó en mí un gran conflicto. Por un lado, racionalmente podía entender que Dios seguía siendo bueno y que pese a todas las situaciones difíciles, él había preservado nuestras vidas y cuidado de nosotros. No obstante, por otro lado, creé una segunda «versión» de Dios: un Dios soberano que hace las cosas sin contemplación; uno que permitirá tragedias que nos destruirán y nunca comprenderemos simplemente porque sí. Por supuesto, este conflicto no era más que mi dificultad personal para responder al ya conocido planteamiento: «¿Por qué un Dios bueno permite que pasen cosas malas?». Con sinceridad, había pensado que este era un tema que estaba teológicamente resuelto para mí, pero al vivir ese conflicto de manera tan tangible en mi vida, pude comprobar que no era así en mi corazón.

Vivir con estos dos «dioses» en mi cabeza ha sido una de las luchas más difíciles que he tenido que librar, porque ambas ideas acerca de Dios estaban en conflicto constantemente dentro de mí, lo cual me creaba estrés, angustia y agotamiento. Mi mente rumiaba sin cesar:

¿Cómo puedo seguir creyendo en la bondad
de Dios, mientras observo mis peores temores

suceder, uno tras otro? ¿Cómo puede un Dios que me ama permitir tantas situaciones traumáticas a pesar de lo mucho que he orado por la llegada de mi hijo? ¿Cómo puedo seguir confiando en él para el futuro, cuando todavía me acompañan los recuerdos más angustiantes?

El principal efecto de este conflicto fue una dificultad crónica para descansar en Dios. Aunque racionalmente tuviera mis convicciones teológicas intactas, no estaba segura de cuál de mis dos versiones de Dios era verdadera en mi vida: si la del Dios poderoso y bueno o la del dios soberano pero cruel. Repito que esta era más una experiencia honesta de mi corazón que una duda racional. Si me hacías preguntas teológicas, probablemente hubiese contestado con exactitud bíblica a todas. Pero en la práctica, mi corazón se sentía inseguro de reposar en Dios cuando sentía que otra tragedia podía esperarme a la vuelta de la esquina y que ninguna oración la detendría.

En la Biblia, hay varias personas que vivieron situaciones muy traumáticas. Entre ellas, una muy conocida es la historia de Job. Él experimentó de manera involuntaria todas las pérdidas posibles de la experiencia humana, declarando en medio de sus circunstancias:

«Si el único hogar que espero está en los dominios de la muerte, he de tenderme a dormir en las tinieblas; he de llamar "padre mío" a la corrupción y "madre" y "hermana" a los

gusanos. ¿Dónde queda entonces mi esperanza? ¿Quién ve alguna esperanza para mí?».

Job 17:13-15

Lo cierto es que todos pensamos que comprendemos a Job... hasta que nos convertimos en él. Cuando nuestra fórmula de la vida deja de encajar, cuando se nos hace evidente que no controlamos nada, y cuando Dios se sale de los límites entre los que se movía en nuestra mente y todo esto duele profundamente, ahí somos despojados de toda falsa seguridad. Lo más difícil pero hermoso en la historia de Job es lograr comprender que la misma no trata de que si lo pierdes todo, Dios te devolverá el doble, o de que siempre hay un final feliz. Esta historia trata de quién es Dios y de aceptar que jamás podremos alcanzar a comprender su mente y sus caminos, por lo que encasillarlo o intentar predecirlo en nuestra ansia por tener todo bajo control es algo absurdo.

Lo que finalmente renueva la esperanza de Job, y que terminó renovando la mía, es un solo hecho: la verdad de que Dios sí es quien dice ser. Es un Dios fiel, amoroso, bueno, confiable, que nos dio todo por medio de su Hijo para mostrarnos cuánto le importamos. Es un Dios que cuenta cada cabello en nuestras cabezas mientras controla todos los detalles del universo. Puede que en esta vida sucedan cosas que nos golpeen a tal punto que pongamos en duda esta verdad, pero aun eso es usado para nuestro bien, pues cuando somos llevados a nuestros límites, conocemos verdaderamente a Dios. Cuando no queda ninguna seguridad terrenal a la cual asirnos y vemos nuestra profunda vulnerabilidad, podemos correr a él para recordar nuestra esperanza. Qué precioso regalo es poder decir: *«De oídas había oído hablar de ti, pero ahora te veo con mis propios ojos»* (Job 42:5).

En esta experiencia, encontrarme tan de cerca con la fragilidad de la vida abrió una herida profunda en mí. Puso en tela de juicio no solo mis creencias, sino mi experiencia personal con el Dios que había conocido toda mi vida. Y ha sido solo la verdad de quién es él —el sanador de todas mis heridas, el amigo fiel, el poderoso Dios que me garantiza una esperanza segura frente a las tormentas de la vida— lo que ha podido cerrarla. Su verdad ajustó mi visión en cuanto a la naturaleza del único Dios verdadero, a quien no le asustan tus crisis y tus dudas, pero quiere que las transites de su mano.

Aunque la vida sea impredecible, aunque las situaciones traumáticas ocurran, aunque los temores de la vida se hagan realidad, Dios te sostiene y no te deja. Nuestro Padre es fiel para que descanses en su soberanía, amor y bondad. Él es fiel para enjugar todas tus lágrimas.

TE INVITO A ORAR CONMIGO:

Amado Padre fiel, vengo a ti con toda mi vulnerabilidad y fragilidad, una que solo tú puedes dimensionar. Reconozco que los sufrimientos de la vida han sacudido mi fe, y quiero pedirte que me ayudes a verte tal como eres en medio de estas circunstancias para que mi esperanza en ti no sea debilitada, sino renovada. Ayúdame a experimentar tu presencia en medio de lo que no comprendo, y enséñame a caminar en confianza de cara al futuro, donde no eres solo un Dios del que he oído, sino al que mis ojos ven claramente. Amén.

LECTURAS RECOMENDADAS:

Job 16, 42; Lucas 12:7; Apocalipsis 21:4.

Día 34

Fiel para usarte tal y como eres

Antes de formarte en el vientre, ya te había elegido; antes de que nacieras, ya te había apartado; te había nombrado profeta para las naciones.

Jeremías 1:4-5

Cuando comento que uno de mis libros preferidos de toda la Biblia es Lamentaciones, siempre logro que a alguien se le escape alguna carcajada. ¿Cuán dramáticos tenemos que ser para que ese sea uno de nuestros favoritos entre decenas de otros libros y cartas que hablan de la esperanza? Pero lo cierto es que Lamentaciones ha marcado mi camino con Dios desde hace muchos años y siempre que regreso a él encuentro la revelación de un Dios más grande y hermoso aún.

Lamentaciones es realmente una canción de lamento, compuesta poéticamente cuando el pueblo de Judá fue invadido y conquistado por el Imperio babilónico. Esto significó una tragedia más grande de la que cualquier israelita hubiese visto hasta ese momento: hambruna, vergüenza, muerte, desolación y el más profundo dolor los azotaron con esta derrota. Sin embargo, el poema nos revela que aun en el más profundo de los dolores, haya sido o no causado por nuestras acciones, el Señor nos ofrece esperanza. En medio del sufrimiento inconcebible, la nostalgia por un pasado mejor y un futuro incierto, Dios nos recuerda que sus misericordias no se han agotado y que su fidelidad es tan grande que aun sintiéndonos totalmente destruidos, ese no es nuestro final.

El profeta Jeremías fue el autor, junto con el libro homónimo del Antiguo Testamento, de esta canción de lamento. Es por ello que se le conoce como «el profeta llorón», debido a la intensidad de las emociones de dolor y lamento que logró expresar en su labor profética. Jeremías fue llamado desde el vientre de su madre para llevar a cabo una misión nada fácil: proclamar arrepentimiento a un pueblo perdido en su pecado, que amaba ser idólatra, y luego decretar cuál sería el juicio de Dios por esa desobediencia. Después, cuando toda la profecía se cumple, el profeta se sumerge en el dolor amargo de ver a su propio pueblo desolado y destruido.

Pese a que Jeremías claramente reconoce la causa de la calamidad que los azota y que todo el sufrimiento fue ocasionado por la propia rebeldía de Israel, llora continua y amargamente por el dolor de su pueblo. En el libro de Jeremías y en especial en Lamentaciones encontramos expresiones llenas de una emoción profunda, sentida y hasta poética relacionadas con esta dura experiencia. Entre las decenas de ejemplos, podemos encontrar frases como: *«Hubo lamentos en rampas y muros; todos ellos se derrumbaron»* (Lamentaciones 2:8b); *«Las lágrimas inundan mis ojos; siento una profunda agonía»* (Lamentaciones 2:11a); *«Me ha partido el corazón con las flechas de su aljaba»* (Lamentaciones 3:13); *«¡Que hunda el rostro en el polvo! ¡Tal vez haya esperanza todavía!»* (Lamentaciones 3:29).

Si alguna vez has sido admirador del arte, la música y la buena prosa, sin duda comprendes el nivel de sensibilidad y empatía —además del talento dado por Dios— que debe tener una persona para poder expresarse de una forma tan real y poética acerca de circunstancias tan calamitosas como las que vivió el pueblo de Dios en ese momento. Sobre esto, el predicador y teólogo escocés Alexander Whyte afirma: «No hay nada en todo el mundo como las Lamentaciones del profeta Jeremías. Ha habido mucha tristeza en cada época y en cada país de este mundo, pero nunca ha nacido otro predicador y autor con un corazón tan embargado de tristeza».

El mundo moderno desprecia la vulnerabilidad, la sensibilidad y la transparencia real y las califica como rasgos de debilidad. Somos exaltados cuando sabemos ser personas resilientes a las que nada ni nadie les afecta. Incluso en el ámbito eclesiástico, tendemos a alabar y apreciar más a aquellos que parecen ser líderes fuertes, firmes, a los que nada los sacude, que son capaces de ignorar y poner a un lado sus emociones cuando hay un llamado claro de Dios para ellos. Resaltamos a todo el que pueda parecer más alguien hecho de hielo que un ser humano, o al que al menos tiene toda expresión de vulnerabilidad controlada, porque sus debilidades no lo alcanzan y no tiene motivos para llorar debido a lo fuerte de su fe.

Sin embargo, ante esa exaltación, siempre pienso en Jeremías. Es posible que sea porque me identifico con él y comprendo lo que es sentir angustia y empatía por el dolor de otros y necesitar expresarla, pero principalmente porque al estudiar la revelación que Dios nos transmitió a través de este hombre, me queda muy claro que Dios quiso intencionalmente usar el corazón sensible del «profeta llorón» para dimensionar la profundidad del dolor y la grandeza de su esperanza. Jeremías, además, no observaba desde afuera la profecía cumplida sobre Israel: la vivió y la sufrió al igual que su pueblo.

Aunque la Biblia no nos deja saber estos detalles, imagino cuán duro debe haber sido para un alma sensible como la de Jeremías tener que comunicar verdades tan duras e impopulares, viviendo luego el dolor de esa profecía en carne propia. No obstante, Dios lo llamó desde el vientre de su madre así, tal como era, y tal vez precisamente por *cómo* era. Quizás un mensaje tan doloroso de lamento y arrepentimiento solo podía expresarlo en su justa profundidad un hombre que era capaz de sentir así de profundamente y tenía el don para comunicarlo sin minimizarlo.

Dios es fiel para usarnos tal y como somos, tal y como nos creó. Lo que para el mundo puede ser una debilidad, en el Señor se convierte en una fortaleza cuando es usada para su gloria y sus propósitos. Es posible que en nuestro camino no veamos con mucha claridad cómo es que esa forma particular que tenemos de ser, nuestros talentos e inclinaciones particulares pueden llegar a ser exactamente lo que Dios quiere usar para cumplir lo que se ha propuesto en un mundo que lo necesita desesperadamente.

Cuando te sientas desanimado por tu supuesta inadecuación para servir, o cuando pienses que tienes que ser como esos líderes que reciben aplausos de multitudes o miles de *likes* porque dijeron una frase que suena linda y popular, te animo a pensar en el inmenso testimonio que nos deja Jeremías y su labor. Efesios nos recuerda:

> *Porque somos hechura de Dios, creados en Cristo Jesús para buenas obras, las cuales Dios dispuso de antemano a fin de que las pongamos en práctica.*
>
> EFESIOS 2:10

Dios es fiel para usarte tal y como eres porque él es tu creador. Te hizo para que hicieras buenas obras que planeó desde el principio. Todo lo que eres y tu forma de ser tienen un lugar y un llamado en su plan de redención de todas las cosas.

TE INVITO A ORAR CONMIGO:

Señor Jesús, gracias por dar tu vida para que yo pudiera conocer al Dios que me creó tal como soy. Aunque sé que continúas perfeccionándome a tu imagen, también sé que no necesito ser igual a otros a fin de que puedas usarme como instrumento de justicia para tus obras. Permíteme enfocarme cada vez menos en mí para dedicarme más a ti y al llamado que me haces. Dame sabiduría para reconocer cuáles son esos rasgos de mí que, aunque el mundo llame débiles, son una fortaleza para darte gloria. Amén.

LECTURAS RECOMENDADAS:
Jeremías 1:4-5; Lamentaciones 2:8, 2:11, 3:13, 3:29; Efesios 2:10.

Día 35

Fiel para hablarte

La palabra del SEÑOR *vino por segunda vez a Jonás.*

JONÁS 3:1

HACE ALGUNAS NOCHES, le estuve leyendo a mi hijo una Biblia ilustrada para niños antes de dormir. Esta versión infantil presenta algunas historias de la Biblia de manera abreviada y sencilla, de modo que los niños puedan comprender las ideas generales. Mientras hacía la lectura correspondiente a Jonás, me di cuenta de que no podía creer —ni justificar— cómo nunca antes me había adentrado en esta historia. Por supuesto, casi todos hemos escuchado hablar del profeta rebelde que sobrevivió en el estómago de un gran pez por tres días, pero confieso que jamás me había detenido a estudiar y meditar en lo relevante de todo el mensaje que encontramos en este libro.

Resulta impresionante lo fiel que es el Señor para hablarle a nuestro corazón. Lo digo porque leyendo esta versión hiperabreviada y didáctica de la Biblia, llena de dibujos en colores, fui confrontada enormemente con mis pecados y temores, y al mismo tiempo alentada por la revelación de la bondad y el amor de Dios, lo cual es una huella constante en la historia del profeta Jonás. Quisiera tomarme un momento para describir los hechos.

En resumen, Dios instruye a Jonás para que se dirija a Nínive, una de las ciudades paganas más grandes del mundo en ese momento, a predicarles el arrepentimiento. Casi de inmediato, Jonás decide hacer exactamente lo contrario a lo que Dios le pide y huye lo más lejos que le es posible. En el camino, él y los tripulantes de su embarcación se encuentran con una fuerte tormenta ordenada por Dios, la cual termina causando que lo arrojen al mar, donde es tragado por un gran pez en cuyo vientre Jonás permanece tres días y tres noches. En el vientre del pez, aunque íntegro físicamente, es obvio que Jonás se encuentra angustiado y clama a Dios. El Señor entonces responde a este clamor y el gran pez expulsa de su interior al profeta. Al volver a tierra firme, Dios vuelve a indicarle su misión en Nínive y esta vez Jonás obedece, predicando una advertencia de arrepentimiento ante una destrucción inminente. Contra todo pronóstico, toda la ciudad, incluyendo a su monarca, se arrepiente instantáneamente, comenzando a ayunar y a clamar a Dios por su preservación. Dios responde al clamor con misericordia y no los destruye. Luego, en un giro de reacciones inesperadas, Jonás se enoja por el arrepentimiento sorpresivo de Nínive y cómo el Señor les mostró misericordia, al punto de deprimirse profundamente. Cuando Jonás se sienta al este de la ciudad, el Señor le provee una planta que le dé sombra, lo cual lo alegra. Pero la planta se marchita por disposición de Dios y el enojo y la indignación del profeta regresan, declarándole a Dios que él prefería morir que vivir de esa manera. Pacientemente, el Señor le revela cuál es su corazón compasivo por cada persona en su creación, explicándole.

> *Tú te compadeces de una planta que, sin ningún esfuerzo de tu parte, creció en una noche y en la otra pereció. Y de Nínive, una gran ciudad donde hay más de ciento veinte mil personas que no distinguen su derecha de su izquierda y tanto ganado, ¿no habría yo de compadecerme?*
>
> JONÁS 4:10-11

No sé a ti, pero a mí esta historia me impacta en diversos niveles.

En primer lugar, pienso en el carácter y las luchas de Jonás y me identifico profundamente: temor, dudas, sentimiento de injusticia, envidia, rabia y enojo. Sin pretender justificar su pecado y desobediencia, es cierto que, al conocer más del contexto, uno se da cuenta de que aun en medio de su rebeldía, la reacción de Jonás fue muy humana. David Guzik, en su comentario bíblico sobre este libro del Antiguo Testamento, explica que es probable que Jonás no quisiera ir a Nínive por el temor de lo que podrían hacerle (esta ciudad de la civilización mesopotámica era conocida por su violencia sin piedad). Otra razón pudo ser que, en efecto, Jonás *no quería* que los asirios en Nínive escaparan del juicio divino, porque Nínive era una ciudad que ignoraba a Dios por completo, escandalosamente pecadora y malvada. Jonás, de alguna forma, anhelaba justicia sobre ellos.

En segundo lugar, me impacta el arrepentimiento de Nínive. Observar cómo una ciudad que pertenecía a las tinieblas y actuaba en coherencia con ello experimenta un arrepentimiento inmediato, me habla mucho del poder de Dios para revelarse al alma más oscura y de su inmenso amor y gracia hacia nosotros. No hay ningún mérito para los habitantes de Nínive; solo se trata de una sobreabundante gracia derramada sobre ellos para que pasaran de muerte a vida. Dios le cuenta a Jonás cuánto los ama y le importan al explicarle por qué ha decidido compadecerse de ellos.

Y en tercer lugar, el aspecto más destacable para mí es quién Dios demuestra ser en esta historia: un Dios amoroso, presente y fiel para hablarte cuando lo necesitas. Uno que está igual de interesado en sus propósitos de salvación para la humanidad que en la frustración que sientes esta mañana, que permanece tan íntimamente involucrado en tu vida que te comprende como nadie, pero es tan santo y poderoso que no está dispuesto a dejarte tal y como eres hoy. Un poderoso Creador que también es un Padre cercano y un Amigo fiel. Dios nos demuestra paciencia y comprensión, pero no nos dejará sin el crecimiento y la transformación que nos ha prometido mientras somos usados para sus propósitos.

El Señor se ocupa del universo, de sus propósitos a gran escala, y aun así se toma el tiempo de detenerse en cada detalle de nuestra vida, incluyendo nuestras luchas y dudas, siendo fiel para hablarnos, reprendernos, exhortarnos y consolarnos cuando lo necesitamos. Jonás vivió muchas experiencias que afectaron su cambiante mundo emocional, pero en medio de todas pudo saber que allí estaba Dios, fiel e inmutable, hablando a su vida y calmando su corazón cuando él pensó que ya no podía más.

Y el mismo Dios de Jonás es el Dios a quien puedes correr hoy con tu confusión, miedos o agotamiento. Dios es fiel para hablarle a tu vida y dirigirte por el camino correcto.

TE INVITO A ORAR CONMIGO:

Dios de mi vida, me presento ante ti pidiendo perdón por las veces que dejé que el temor me abrumara y me llevara a tomar decisiones contrarias a las que me indicabas. Gracias por ser un Padre que se compadece de mis debilidades, pero que me ama tanto como para hablar a mi vida y que pueda experimentar una transformación. Gracias por permitirme ser parte de tu plan de redención y dejarme comprobar la compasión y el amor que sientes por el mundo, incluyéndome a mí. Te pido me permitas confiar en tu voz y en la certeza de tus promesas y tu dirección. Gracias por ser fiel para hablarme cuando lo necesito. Amén.

LECTURAS RECOMENDADAS:
Jonás 1, 4; Nahúm 3:1-7.

Día 36

Fiel para juzgar

No podemos comprender al Todopoderoso;
grande es su poder, y grande es su justicia.

JOB 37:23 (RVC)

PARA EL MOMENTO EN EL que escribo estas líneas, me encuentro muy cerca de terminar todo el trabajo que ha implicado escribir este devocional. Al hacer una revisión rápida, me di cuenta de que hay innumerables alusiones a la palabra *justicia* o a los *sentimientos de injusticia* a lo largo de todo el manuscrito, lo cual me confirmó que el tema de la justicia es uno muy importante para mí y un anhelo cercano a mi corazón.

En el año 2002, tomé la decisión de estudiar la carrera de Derecho. Sin tener demasiada idea de lo que implicaba en la práctica, lo hice motivada por un deseo bastante ingenuo —pero genuino— de hacer un poco de justicia en este mundo. Desde muy niña había tenido un altísimo sentido de lo que «debe ser» y de lo inadmisible de las injusticias, así que este paso académico fue lógico para mí. Soñaba con poder dedicarme a ayudar a las personas refugiadas y víctimas de las guerras del mundo, con apoyar al vulnerable. Mi versículo clave era: «*¡Levanta la voz por los que no tienen voz! ¡Defiende los derechos de los* *desposeídos! ¡Levanta la voz y hazles justicia! ¡Defiende a los pobres y necesitados!»* (Proverbios 31:8-9).

Este deseo de justicia no se limitaba a las causas loables como esas. También me indignaba la injusticia reinante en mi propio país, la excesiva burocracia, la desigualdad y los pequeños abusos que llegué a vivir en mi vida personal, tanto en mi carrera como en mis relaciones con los demás. Además, me enardecía ver cometerse injusticias dentro de la iglesia, así que como resultado me alejé de ella por una época.

Durante años trabajé en la causa de los refugiados y las personas vulnerables. Me dediqué de lleno día y noche al trabajo humanitario y le di lo que en teoría fueron los mejores años de mi vida, una vida que arriesgué muchas veces en zonas de conflicto o encuentros que requerían una alta seguridad. Y aunque sé perfectamente que Dios me usó en cada entrevista a cada familia, en cada encuentro, en cada acción de abogacía por sus derechos, también sé lo que comenzó a ocurrir en mi corazón. Eso es lo que pasa en los corazones que se envanecen y hacen de un valor o un ideal algo más grande que el Dios mismo que los creó y el evangelio que les dio su origen.

El deseo de justicia es, en principio, un hermoso anhelo. Tengo la convicción de que el Señor es quien pone esa inclinación y pasión en nosotros, ya que nada bueno le es ajeno, sino que todo lo admirable y altruista viene de nuestro Dios. El problema comienza cuando nuestra naturaleza caída interfiere con nuestra capacidad de reconocer de quién vienen esas cosas buenas. Mi trabajo ayudando a otros me hacía sentir aliviada por estar dedicando mi vida a la causa correcta. También me hacía sentir de alguna forma «poderosa», porque siempre me encontraba en la posición de ser quien podía ofrecer ayuda y marcar una diferencia. Yo era quien tenía las respuestas. Mi estándar de lo que era justo socialmente crecía de manera progresiva, pero pronto esas cosas se convirtieron en mi dios. Al mismo tiempo, también me hacían a mí misma un pequeño ídolo, porque todas las cosas las juzgaba, ya no con base en la Palabra y la santidad de Dios, sino con mi propia guía de justicia y rectitud.

Así, los problemas –muy reales– del mundo y los gobiernos me parecían inconcebibles, y pronto comencé a estimar que las prácticas de la iglesia y algunos principios de la Palabra de Dios ya no me parecían justos. Esto, tristemente, ocurre todavía con mayor frecuencia hoy en día, cuando las generaciones más jóvenes han adquirido un sentido de justicia muy elevado, pero basado en un concepto mundano y conveniente de una justicia secularizada.

Deshacerme de estas ideas tomó tiempo y requirió de un proceso por fuego que el Señor misericordiosamente me hizo atravesar. Cuando me di cuenta de que el propio sistema al que por años me dediqué sufría de las mismas grietas de injusticia y corrupción que todas las cosas que yo criticaba, un ídolo fue destruido. Asimismo, reconocer el dolor que trajo a mi vida el hecho de que yo no era capaz de darme lo que solo Dios podía proporcionarme, me hizo ver que yo no tenía una plena comprensión de lo que era la justicia realmente.

Porque la justicia no se trata de mis ideales humanitarios.

No es un concepto académico ni un tratado internacional.
No es solamente que esa persona pague por las consecuencias de sus actos.
No es que un gobierno finalmente caiga.
No es que aquel que te hirió sienta la misma herida.
La justicia no es lo que creemos que es, porque no es un concepto construido.
La justicia es Dios mismo.

Mi soberbia y orgullo me hicieron pensar por mucho tiempo que en ocasiones yo era más justa que Dios. Que a mí sí que me importaban las personas que sufrían y hacía algo por ellas todos los días. Sin embargo, la Palabra de Dios nos revela verdades importantes acerca de Dios y la justicia: Dios es siempre justo y recto (Deuteronomio 32:4); un día él juzgará al mundo con justicia (Salmos 9:8); la justicia y el derecho son el fundamento de su trono (Salmos 89:14); la justicia de Dios, por medio de la fe en Jesucristo, es para todos los que creen en él (Romanos 3:22). Pocas verdades me confrontan tanto como las palabras del libro de Job:

No podemos comprender al Todopoderoso;
grande es su poder, y grande es su justicia.

Lo cierto es que ni tú ni yo estamos cerca de tener un concepto de lo que es la verdadera justicia cuando nos sentimos con autoridad para juzgar lo que Dios hace o de qué forma lo lleva a cabo. No importa cuán filantrópicos nos consideremos, jamás seremos más justos que el Señor.

Aunque lo ignoremos, nosotros mismos hemos sido partícipes del evento más injusto de la humanidad: el Hijo de Dios, sin pecado ni culpa, fue crucificado por nuestros pecados para que no tuviésemos que asumir las consecuencias justas de nuestras acciones. Y, sin embargo, Dios lo hizo así. Este hecho no encierra una justicia «lógica» y probablemente asustaría a cualquier activista de los derechos humanos en el mundo moderno. Sin embargo, ese es nuestro Dios, que hace lo «ilógico» para mostrarnos su verdadera justicia, la cual se expresa en su amor al darlo todo por nosotros.

Dios es fiel contigo en tu anhelo de justicia. Recuerda que todo lo bueno que piensas o sientes, Dios lo ha puesto en ti. Todos nuestros deseos de justicia, a grande o pequeña escala, serán un día completamente satisfechos en él y por él. Un día veremos a Jesús reinar, hacer justicia y redimir todas las cosas, y personalmente ese es un día que anhelo con ansias. Pero no ya por sentirme la más recta heroína, sino porque yo misma soy parte de su plan de redención, así como tú también lo eres.

Dios es completamente fiel para juzgar y *él mismo es tu justicia.*

TE INVITO A ORAR CONMIGO:

Señor, reconozco que tú y solo tú eres el Juez Justo de todas las cosas. Solo tú sabes lo que es la verdadera justicia y nos diste una revelación de ello a través del sacrificio de tu Hijo. Por favor, no permitas que mi orgullo me ciegue y me impida comprender que mi anhelo de ver justicia en mi vida, en mi país y en el mundo estará completamente satisfecho solo en ti. Recuérdame cada día cuán fiel eres para ser justo y hacer justicia, la justicia verdadera. Amén.

LECTURAS RECOMENDADAS:

Deuteronomio 32:4; Job 37:23; Salmos 9:8; Salmos 89:14; Romanos 3:22.

Día 37

Fiel en los buenos tiempos

Les he dicho esto para que tengan mi alegría y así su alegría sea completa.

JUAN 15:11

UNA TARDE, CONVERSABA CON UNA AMIGA acerca de cómo me sentía respecto a algunas vivencias del pasado. En medio de mi usual repaso de las inquietudes de cara al futuro y las referencias a las emociones que me traía el pasado, mi buena amiga me interrumpió, mirándome a los ojos, para decirme: «Clara, no puedes vivir la vida temiendo lo que pasó o lo que crees que pueda estar a punto de pasar. Detente y observa tu vida por lo que es hoy. ¡Verás que tienes muchas razones para alegrarte hoy!».

Y vaya que mi amiga tenía razón. En ese momento particular, me encontraba viviendo bendiciones y experiencias muy positivas. Realmente tenía razones para alegrarme y disfrutarlas, pero de alguna manera estaba escogiendo enfocarme en la tristeza de situaciones del pasado y en las posibilidades del futuro. De algún modo, me rehusaba a confiar en que Dios, así como permite tiempos de lucha y prueba, también dispone épocas de alegría y puro gozo. Esto, evidentemente, estaba siendo causado por mi incapacidad de ver a Cristo en la plenitud de su carácter y como digno de toda mi confianza, aun si realmente no puedo saber qué me deparará el mañana. ¡Ese impedimento estaba haciéndome difícil vivir con la alegría que podía sentir gracias a él! Más tarde ese mismo día, tomé mi teléfono y un cuaderno de notas. Comencé a revisar las fotografías que había tomado a lo largo de los últimos seis meses: veía comidas deliciosas compartidas con amigos, un viaje regalado por Dios que nos permitió ver a nuestra familia después de un año, momentos increíbles de nuestro hijo haciéndonos reír, paisajes hermosos, versículos llenos de verdad, plantas muy verdes, y un montón de pequeñas y grandes cosas que traían felicidad a mi corazón. En mi cuaderno, hice una lista de todas y cada una de ellas y llenaron dos páginas enteras. ¿Quiere decir que esos meses habían sido totalmente perfectos? Para nada, pero ciertamente tenía frente a mí un presente lleno de oraciones contestadas y momentos que me permitían probar y ver la bondad de Dios, y por eso podía alegrarme.

Jesús nos llamó muy claramente a enfocarnos en lo que vivimos día a día, con la mente lejos del ayer y del mañana. Él nos dice: *«No se preocupen por el mañana, el cual tendrá sus propios afanes»* (Mateo 6:34). Cuando Pablo ora en Romanos 15:13 que el Dios de la esperanza nos llene de toda alegría y paz, para que rebosemos de esperanza por el poder del Espíritu Santo, nos habla de que el gozo al que tenemos acceso no es algo escaso ni inusual. Aunque hay tiempos de dificultad o tristeza, la vida cristiana debe ser eminentemente una vida de alegría, gozo y paz, porque nuestra esperanza se desborda gracias a Cristo y no es definida por las circunstancias.

No todo en nuestra vida serán pruebas, dolor o momentos duros. En Jesús, también hay espacios para recargarnos de gozo y fe, pues Dios en su inmensa fidelidad sabe que lo necesitamos.

Podemos confiar en un Dios que obra a nuestro favor, interviene, salva, cuida, protege y hace constantemente milagros. La certeza de su esperanza nos llena de gozo en el presente y su amor fiel nos regala «pedazos de cielo» en nuestra vida diaria, por medio de los cuales conocemos lo que es la alegría de existir y de vivir para Cristo. Dios es un Dios fiel en nuestra alegría, porque nos ha garantizado un gozo que nada ni nadie puede destruir. En Cristo, nuestra alegría es completa. Él es fiel para enseñarnos a vivir con gozo, sin temerle a la incertidumbre de lo que pueda estar a la vuelta de la esquina.

Siempre me anima mucho leer la descripción de la mujer virtuosa en Proverbios 31, donde se nos dice que ella *«se ríe sin temor al futuro»* (v. 25, NTV). Este pasaje nos deja claro que su relación con el Señor es lo que hace posible que ella camine segura y contenta, incluso ante la incertidumbre del mañana.

Quisiera animarte a meditar en estas verdades mientras cuentas cada una de tus bendiciones. La vida no tiene que ser perfecta para que disfrutemos del gozo que nos ha sido garantizado. Y aún más, debes asegurarte de apreciar la bendición que viene con las temporadas de alegría; no te la pierdas por tener los ojos fijos en el pasado o el futuro. Dios es fiel también en los buenos tiempos de la vida.

TE INVITO A ORAR CONMIGO:

Señor, ayúdame a ser una persona que pueda vivir riendo sin temor al futuro porque he aprendido a confiar en ti. Abre mis ojos a fin de que sea capaz de apreciar y valorar los momentos que me has regalado para vivir con alegría y experimentar «adelantos» de lo que será una eternidad junto a ti. Te pido que ni el rastro del pasado ni las posibilidades futuras me roben el gozo y la alegría que me regalas hoy. Gracias, porque eres fiel en mis tiempos de regocijo. Amén.

LECTURAS RECOMENDADAS:

Proverbios 31:25; Mateo 6:34; Juan 15:11; Romanos 15:13.

Día 38

Fiel para darnos una ciudadanía

En cambio, nosotros somos ciudadanos del cielo, de donde anhelamos recibir al Salvador, el Señor Jesucristo.

FILIPENSES 3:20

EN LOS ÚLTIMOS AÑOS, he vivido una situación que me ha retado en muchos niveles y evidencia el poco control que tengo sobre lo que sucede. En principio, puede parecer un tema de poca trascendencia si lo comparamos con otros, pero realmente ha sido un motivo de llanto, noches sin dormir, sentimiento de injusticia y mucha ansiedad para mí.

Desde hace más de seis años no tengo un pasaporte vigente con el que poder viajar libremente, solicitar visados o hacer gestiones comunes. Esto puede ser un asunto de menor relevancia si uno se encuentra en su país de origen sin necesidad de salir de él. Sin embargo, en mi caso, soy inmigrante desde hace más de ocho años, cuando dejé mi natal Venezuela para ir a Colombia y luego a Canadá. Las razones por las cuales no he podido obtener un pasaporte vigente pese a haberlo intentado todo alcanzarían para llenar páginas enteras. Así que solo diré que lo intenté

—realmente lo intenté— por cinco años, invirtiendo recursos y tiempo, haciendo viajes, escribiendo cartas en vano y elevando muchas oraciones.

Aunque, por la gracia de Dios, cuento con un estatus legal permanente en el país donde vivo, esta experiencia se hace más dolorosa porque debido a la compleja situación política de mi país, mi familia y mis amigos se encuentran «repartidos» por todo el globo terráqueo, de modo que no poder viajar a casi ningún país me mantiene lejos de muchos de mis seres queridos. Esta no es una situación que me ha impactado a mí exclusivamente, sino a muchos de los que compartimos la nacionalidad y la realidad de ser venezolanos en la actualidad. Por otra parte, ha sido muy triste para mí tener que rechazar las invitaciones ministeriales que me han extendido las iglesias de distintos países, habiéndome perdido muchas oportunidades de enseñar y compartir en persona con hermanos en la fe a lo largo del continente.

La falta de un pasaporte por tanto tiempo me ha generado un sentimiento continuo de orfandad, desventaja y vulnerabilidad, en especial encontrándome fuera de mi país. En los pocos viajes que he podido hacer en este tiempo, he tenido que usar documentos excepcionales para viajar, siempre nerviosa por sentirme completamente a merced de que las autoridades migratorias comprendan la situación y conozcan las justificaciones que se han formulado para casos como el mío.

Otro sentimiento que me ha abrumado a través de esta experiencia ha sido el de la impotencia y la injusticia. Es completamente injusto que, siendo nacional de un país, sea tan inaccesible la obtención de una identificación a la que se tiene derecho. El camino para intentar obtener ese tan anhelado pasaporte (que gracias a Dios muchos de mis connacionales sí han podido lograr) es costoso, complejo y completamente aleatorio. En muchos momentos, me he encontrado clamando a Dios por este tema, preguntándole: «¿Por qué algo tan normal se ha hecho tan imposible? ¿Por qué parezco tener la peor de las "suertes" cuando otros venezolanos sí han logrado tener su documento de viaje? ¿Por qué esto ha sido tan frustrante?». No obstante, más allá de las razones políticas que generan esta situación, Dios la ha usado para enseñarme grandes lecciones acerca de su fidelidad, mi identidad y dónde reside mi seguridad.

A lo largo de los años, he necesitado ajustar mi perspectiva muchas veces, en especial cada vez que tengo la tentación de sentirme como una víctima o en desventaja por esta situación. La solución no ha llegado aún y tampoco hay garantía de que llegará pronto, pero hay una verdad que me ha traído el mayor consuelo: *mi seguridad y mi futuro no dependen de mi identidad nacional, sino de la identidad celestial que el Señor fielmente me otorgó.*

Cuando vivimos aferrados a las posesiones o seguridades terrenales, estamos anclados a un terreno falso que podría ceder en cualquier momento. Sin embargo, cuando recordamos a quién le pertenecemos, entendemos que, pase lo que pase, Cristo ya nos dio una identidad y con ello una condición: la de ser ciudadanos de un reino perfecto. Así que, aunque es natural valorar nuestra identidad nacional y tener un sentido de pertenencia, nuestra vista debe estar enfocada en el hecho de que aquí en la tierra los hijos de Dios no tenemos una ciudad permanente, sino que esperamos una eterna (Hebreos 13:14).

Ante mi sentimiento de extranjera y exiliada, el Señor ha respondido con una verdad mucho más grande que la que certifica un documento de viaje:

> *Por lo tanto, ustedes ya no son extraños ni extranjeros, sino conciudadanos del pueblo elegido y miembros de la familia de Dios.*
>
> EFESIOS 2:19

Dios ha sido fiel para darte una identidad: la de ser su hijo o hija. No hay mayor honor inmerecido que ese. Y con él, viene una ciudadanía celestial que impacta no solo tu presente, sino que es la fuente más confiable de esperanza, sabiendo que pertenecemos a un cielo donde recibiremos a nuestro Rey Salvador, siendo partícipes de su reino, que no tendrá fin.

Ante las situaciones injustas y las circunstancias que te hagan sentir en desventaja o vulnerable, puedes aferrarte a la verdad de tu identidad como ciudadano del cielo. Este mundo no funciona como debería, pero su reino un día llegará para redimir todas las cosas. Mientras tanto, Dios es fiel para recordarte que, en él, perteneces a una tierra celestial donde jamás serás extranjero.

TE INVITO A ORAR CONMIGO:

Jesús, quiero agradecerte por tu obra en la cruz, que perdonó mis pecados y redimió mi vida y mi destino eterno. Gracias porque tengo acceso al Padre y una identidad como hijo que también implica una ciudadanía celestial. Gracias porque, debido a esto, no necesito aferrarme a seguridades terrenales ni desesperar cuando en el mundo las cosas funcionan mal. Te pido que me arraigues en tu esperanza presente y futura, y que pueda anticipar con gozo ese día en que regresarás y reinarás sobre todas las cosas. Amén.

LECTURAS RECOMENDADAS:

Éxodo 22:21; Filipenses 3:20; Efesios 2:19; Hebreos 13:14.

Día 39

Fiel en los tiempos de tu vida

Mas yo en ti confío, oh Jehová; digo: Tú eres mi Dios. En tu mano están mis tiempos.

SALMOS 31:14–15a (RVR-1960)

SI A LOS QUINCE AÑOS alguien me hubiese contado cómo se vería la línea de tiempo de mi vida, creo que me habría reído con incredulidad. A esa edad, yo tenía un plan: se suponía que conocería al amor de mi vida antes de los veintiuno, ese mismo año me graduaría de abogada, y luego me casaría y haría un posgrado en el extranjero, donde nos quedaríamos a vivir. Ese calendario me daría tiempo para ejercer mi carrera antes de convertirme en mamá a partir de los veinticinco, lo cual hacía totalmente plausible mi deseo de tener cuatro hijos. Ofrendaría a la iglesia con mi salario próspero y me sobraría dinero para tener una casa propia en Estados Unidos o Europa. Estaba dispuesta a sobrellevar ligeras modificaciones a mi plan, pero a grandes rasgos, ese era el objetivo.

Sí, quizás mi plan te suene muy iluso, pero ten en cuenta que vino de una niña de quince años que no tenía razón para creer que sus propósitos no se concretarían, porque contaba con todo el ímpetu para luchar por ellos y la confianza en un Dios poderoso para hacerlos suceder. Y lo cierto es que por más de una década me aferré a esa agenda.

No obstante, tal y como puedes imaginar, casi nada sucedió como lo planifiqué. En mi adolescencia, quería que mis etapas pasaran rápidamente para vivir ese futuro soñado. En mis veinte, me angustié por no haber encontrado el amor y al mismo tiempo intenté avanzar rápido en mi carrera para lograr más reconocimiento y dinero. En mis treinta, me preocupé por no haberme casado aún y porque mi reloj biológico corría. Y aquí fue que se dio el mayor conflicto que tuve en esa época. No solo luché con la decepción de que Dios no había hecho mis sueños realidad, sino con la pregunta de si él recordaba (o le importaba) el funcionamiento de mi reloj biológico y mi anhelo de ser mamá. Recuerdo haber «negociado» con Dios un día: «De acuerdo, Señor, estoy dispuesta a tener solo tres hijos, pero por favor, permite que mi esposo llegue ya; si no, no me dará tiempo». A veces quisiera saber qué piensa Dios cuando hacemos este tipo de oraciones donde parecemos olvidar que él es Dios y lo sabe y lo puede todo.

Aunque mi vida académica y profesional se desarrolló más o menos como me había propuesto, lo cierto es que conocí a mi esposo a los treinta y dos años, a los treinta y cuatro dejé mi carrera por la vida misionera en Canadá, y luego de dos años de infertilidad me convertí en mamá de un niño a los treinta y siete años. A mis casi cuarenta años de edad, aún no tengo casa propia y mi esposo y yo servimos en dos ministerios donde compartimos el evangelio, los cuales se sostienen por medio de las donaciones de familias e iglesias. Espero que eso haya dejado suficientemente claro que mi vida no salió como la planifiqué. Sin embargo, aun así, puedo dar un firme testimonio de que, aunque he vivido múltiples dificultades (¡como todos!), la vida que el Señor ha decidido regalarme es absolutamente hermosa y jamás la cambiaría por ningún ideal que existiera en mi cabeza. Dios conoce perfectamente nuestros tiempos y es fiel para obrar a través –y a pesar– de ellos.

En los momentos de angustia, cuando sentía que «las cuentas no me daban», el Señor siempre traía a mi mente las palabras del salmista como un amoroso recordatorio: *«En tu mano están mis tiempos»* (Salmos 31:15a, RVR-1960). En la Nueva Versión Internacional, este mismo versículo dice: *«Mi vida entera está en tus manos»*. Esta es una verdad que trasciende la realidad de los años de nuestra vida. Dios no solo sabe perfectamente cuáles son los procesos, las etapas y los tiempos de nuestra vida, sino que los usa para moldearnos y hacer de nosotros lo que él se ha propuesto. Y todavía hay más, el Señor no está atado a las convenciones sociales de cuándo deberías graduarte, casarte o tener hijos o posesiones; tampoco a tus fracasos, errores o las acciones de aquellos que te han decepcionado. Dios puede y va a hacer simplemente lo que se ha propuesto para tu vida, y él tiene un compromiso de amor y propósito con cada uno de nosotros.

El hecho de que Dios sostenga nuestra vida entera en sus manos es una buena noticia, porque implica que él conoce muchísimo mejor lo que nos conviene, incluso por encima de lo que nosotros hemos planeado en el calendario. Siempre resuenan en mí las palabras de Jesús cuando dijo que, si queremos aferrarnos a nuestra vida, la perderemos, pero que, si estamos dispuestos a morir a la vida que tenemos por él, es justo entonces que descubriremos lo que es *vivir* realmente (Mateo 10:39). Esa «muerte» a nuestra vida implica que *nuestros planes no reinan, sino la voluntad de Dios*, siempre buena, agradable y perfecta (Romanos 12:2).

Tu Padre conoce íntimamente cada detalle de ti: tus anhelos, tus miedos y tus oraciones. El hilo que envuelve esta realidad es que te ama tanto, que dio a su Hijo por ti. La Biblia nos revela: *«Todo estaba ya escrito en tu libro; todos mis días se estaban diseñando, aunque no existía uno solo de ellos»* (Salmos 139:16b). Por ende, podemos confiar en un Dios que nos ama más de lo que entendemos y que lo conoce todo. Él es y está por encima del tiempo, y por eso sostiene con bondad y soberanía los tiempos de tu vida. Si los planes salen como lo deseamos, ¡alabado sea el Señor! Y si no lo hacen, ¡bendito sea el nombre de Dios! Puedes descansar en que se haga la voluntad del Dios que todo lo puede y lo sabe.

Dios es fiel para disponer de los tiempos de tu vida. Cada vez que sientas la tentación de mirar el reloj al que se le pasaron los horarios que planificaste, recuerda que el Señor sostiene no solo tu vida, sino el universo entero en sus manos. Descansa en el que todo lo sabe y todo lo dio por ti.

TE INVITO A ORAR CONMIGO:

Amado Señor, te entrego mis planes y el calendario de mi vida, sabiendo que nadie sino tú conoce el tiempo y lo conveniente de cada cosa que anhelo. Permíteme verte en medio de mis esperas, mis desilusiones y mis preguntas, perseverando en la esperanza a la que me has llamado, incluso si las cuentas «no me dan». Tú eres y obras por encima de cualquier realidad, así que te entrego, una vez más, mis sueños y sus tiempos para que cumplas tu voluntad perfecta en ellos. Ayúdame a crecer en la confianza de que eres el autor de mi historia y solo en ti mi vida tendrá el mejor desenlace. Amén.

LECTURAS RECOMENDADAS:

Salmos 31; Salmos 139:16; Mateo 10:39.

Día 40

Fiel para escribir tu historia

«De algo estoy completamente segura:
la historia de Dios nunca
termina en cenizas».[10]

—Elisabeth Elliot

En el momento en el que estoy escribiendo esto, me encuentro a menos de dos semanas de cumplir cuarenta años. Honestamente (y aunque pueda sonar trillado lo que digo), ese es un hecho que casi no puedo creer. No me siento como una persona de cuarenta —o quizá, como imaginé que sería alguien que tuviera cuarenta años—, pero al mismo tiempo pienso que he vivido tantas cosas y tan intensamente que el Señor me ha dado el regalo de ver la vida con un poco más de sabiduría que en mis veinte.

Mi esposo y yo hemos concluido que durante este último año transcurrido antes de cumplir cuarenta, atravesé lo que llaman una *mid-life crisis* (crisis de la mediana edad). Normalmente, esta idea se asocia a una experiencia negativa, pero en mi caso no ha sido así. Más bien, esta «crisis» me ha llevado a comprender mi

10. Elisabeth Elliot, *These Strange Ashes: A Deeply Personal Account of Elisabeth Elliot's First Year as a Missionary* (Elisabeth Elliot Foundation, 1979), p. 12.

pasado y algunas experiencias desde una perspectiva diferente, y Dios me ha dado una nueva narrativa de mi propia historia. Con ello, muchas cosas han cobrado sentido, mientras que otras que parecían relevantes ya no lo son tanto. Es como si Dios me estuviese mostrando un adelanto de aquello que solo entenderemos completamente en su presencia: de qué manera todas las pequeñas piezas de experiencias, sufrimientos, alegrías, situaciones fortuitas, preguntas y decisiones se juntan para formar el rompecabezas de un paisaje del que solo Dios conoce la versión final. Le he dado un rápido vistazo a cómo todas las cosas han ayudado a bien (Romanos 8:28) en mi vida, y termino este último año de mis treinta con un profundo agradecimiento al Señor.

Confieso que no siempre me he sentido así. En diferentes etapas —al final de mi adolescencia, en medio de mis crisis románticas de los veinte, o en mi búsqueda de propósito en mis treinta— llegué a pensar que Dios no escribía una buena historia en mi vida. En algunos momentos declaré que mi historia era triste o injusta. También hubo instantes en los que llegué a desconfiar de que Dios realmente estuviera escribiendo mi historia, porque sentía que quizá se había olvidado de mí.

Y, aunque probablemente no estoy exenta de volver a vivir momentos de duda, sí puedo afirmar con plena convicción que Dios está a cargo de tu historia personal, en la que no solo tiene un interés particular porque te ama, sino porque es parte de su gran obra con todos sus hijos, la cual le da y le dará gloria como testimonio a la humanidad.

Esto no quiere decir que de este lado de la eternidad nuestras historias serán exactamente lo que esperamos, ni tampoco cuentos de hadas con finales de película. En muchos momentos, deberemos aceptar que las cosas no serán ni terminarán como hubiéramos querido. Proyectos, relaciones, afectos, expectativas... todo lo que es parte de este mundo caído y dominado por la aflicción del pecado está sujeto a su fragilidad. Lo importante es recordar que, aunque ese tipo de experiencias seguirán siendo parte de la realidad, Dios no escribe para sus hijos una historia cuyo punto final sea la injusticia, el dolor sin consuelo o la derrota frente al mundo.

Es posible que no logremos ver el desenlace completo de nuestra historia aquí en la tierra, pero en las Escrituras sí se nos invita a «probar y ver» la bondad de Dios mientras vivimos en este mundo (Salmos 34:8).

Nancy DeMoss, en su libro *Confía en Dios para escribir tu historia*, nos recuerda:

> *«¿Qué es aquello que Dios ha permitido que sea parte de tu historia, que parece inconsistente con su bondad y amor? ¿Quizás Dios pudiera estar permitiendo aquello que odia para poder lograr aquello que él ama?».*[11]

Aunque por momentos sea difícil ver ese desenlace positivo o conservar la esperanza en medio de «finales» infelices, podemos confiar en que Dios escribe, fiel y amorosamente, cada una de nuestras historias. Incluso lo que a nuestros ojos es inconcebible o incoherente con su amor, tiene lugar en la línea de tiempo de nuestras vidas llenas

11. Nancy DeMoss Wolgemuth y Robert Wolgemuth, *Confía en Dios para escribir tu historia* (Grand Rapids, MI: Portavoz, 2020).

de propósito, en las cuales reina aquel que es el Redentor de todas las cosas (Isaías 47:4).

Dios es fiel para escribir tu historia y puedes tener la plena seguridad de que su final, su verdadero final, no termina en llanto, injusticia ni dolor. Cuando sientas la tentación, ante la desesperanza de un determinado desenlace, de creer que esa oscuridad es el final, haz el ejercicio de preguntarte: «¿Es este realmente el final de mi historia o un escalón para ser formado a la estatura de Cristo?».

Y si tienes demasiada curiosidad por saber cómo termina tu propio relato, he aquí un *spoiler* (¡no digas luego que no te lo advertí!):

> *Ya no tendrán hambre ni sed,*
> *ni el sol los abatirá, ni calor alguno,*
> *pues el Cordero en medio del trono los pastoreará*
> *y los guiará a manantiales de aguas de vida,*
> *y Dios enjugará toda lágrima de sus ojos.*
>
> Apocalipsis 7:16-17 (LBLA)

Tu historia termina con la permanencia de su amor, la redención de todas las cosas y su presencia eterna. Mientras tanto, confía en su fidelidad para cada día que ya fue escrito y descansa en la seguridad de sus brazos.

TE INVITO A ORAR CONMIGO:

Gracias Señor, porque mi vida reposa en tu voluntad llena de amor. Gracias porque, aunque no soy capaz de ver toda la historia aún, puedo confiar en la esperanza que me has dado para los días buenos y malos, así como descansar en el inmenso consuelo que me da tu promesa de eternidad. Permíteme ver mi historia no a través de la medida competitiva del mundo ni según mis propias expectativas, sino desde la perspectiva que me da saber que has prometido redimir todas las cosas un día y que me has hecho parte de tu esperanza ofrecida a la humanidad. Ayúdame a ver la huella de tu fidelidad en toda la historia de mi vida. Amén.

LECTURAS RECOMENDADAS:

Isaías 47:4; Salmos 77:14-15; Salmos 139:16; Romanos 8:28; Apocalipsis 7:16-17.

Agradecimientos

A Mireya, quien siempre estuvo y está, como un reflejo de la permanencia divina en mi vida. Gracias por todas tus oraciones, mamá.

A quien fue mi pastor por muchos años, Jair Ríos. Sin su ánimo, liderazgo y consejos oportunos, hubiese sido difícil perseverar y ver la fidelidad del Señor de la que tanto me habló. Espero poder darte una copia de este devocional en el cielo.

A Jose David, cuya constancia, determinación y amor me han enseñado tanto sobre el carácter seguro de Dios. Gracias por apoyar mi llamado a escribir y por ser una oración contestada de mi vida. Te amo.

A Gabriel David, la persona en la que se expresa, en su máximo nivel, la misericordia y la fidelidad del Señor en mi vida. Eres el sueño de mi corazón hecho realidad, Neni. Como repetimos todas las noches, *«jamás duerme el que te cuida»* (Salmos 121:3).

A todo el equipo de HarperCollins, por darme un voto de confianza para escribir este proyecto y por la excelencia y el profesionalismo que han demostrado a cada paso con el objetivo de que *Fiel en todo momento* pueda llegar a muchas personas.